MISSION PRINCESSES : LE LIVRE DONT TU ES L'HÉROÏNE

Princesse au temps des Chevaliers

Fleurus

Direction : Guillaume Arnaud
Direction éditoriale : Sarah Malherbe
Édition : Marie Mazas, Anna Guével
Direction artistique : Élisabeth Hebert
Conception graphique : Ariane Bienaymé
Mise en pages : Anne Bordenave
Fabrication : Thierry Dubus, Audrey Bord

Site : www.fleuruseditions.com
ISBN : 978-2-2151-2828-1
MDS : 652 300

MISSION PRINCESSES : LE LIVRE DONT TU ES L'HÉROÏNE

Princesse au temps des Chevaliers

Textes de Charlotte Grossetête
Illustrations de Raphaël Gauthey

Fleurus

Introduction

Isabelle : au temps des chevaliers et des châteaux forts, de nombreuses dames nobles portent ce prénom. Il évoque la grâce, la beauté, la légèreté, qualités qui te caractérisent. Il s'accorde bien avec tes longs cheveux châtains, tes yeux bleus pétillant d'intelligence, tes traits fins et délicats comme une sculpture d'ivoire.
Tu t'appelles donc Isabelle, tu as rang de princesse et, en l'an de grâce 1227, tu viens d'avoir 13 ans. C'est l'âge de ton cousin Louis IX (futur Saint Louis), qui règne sur la France depuis un an. Quoique vous soyez parents éloignés, tu n'as jamais vu le jeune roi. En effet, tu n'as guère voyagé hors de la seigneurie de ton père, située au centre de la France, quelque part entre Bourges et Châteauroux.

En cette nuit de décembre glaciale et étoilée, c'est à un autre adolescent que tu penses : ton frère Renaud. Il a 15 ans et, demain, il va être armé chevalier. Pour se préparer à son adoubement, il passe la nuit en prière dans la chapelle. Tu aimerais être à son côté : Renaud et toi, vous êtes très proches. Certes, vous avez été élevés séparément car, à votre époque, les filles et les garçons ne grandissent pas ensemble ! Éduquée ici, au château familial, tu as appris la poésie, la musique, l'astronomie et la médecine.

Renaud, envoyé chez son parrain – un oncle puissant – a été page puis écuyer. L'équitation, les joutes, les tournois n'ont plus de secrets pour lui.

Ce qu'ignore votre entourage, c'est qu'ils n'ont pas de secrets pour toi non plus ! Car Renaud, lors de ses brefs séjours en famille, t'a transmis ses connaissances. Souvent, vous faisiez semblant de partir étudier les plantes médicinales du monastère voisin. En réalité, vous galopiez toute la journée dans une clairière transformée en lice d'entraînement, au milieu de la forêt. Mais ton habileté aux jeux de guerre doit rester secrète : une princesse chevalière, pour vos contemporains, ce serait le comble de l'inconvenance !

Minuit vient de sonner. Penchée à ta fenêtre, tu frissonnes sous ton manteau de vair*. Te coucher sagement ? Tu brûles plutôt d'envie de faire un tour vers la chapelle, dont le vitrail éclairé brille de l'autre côté de la cour.
« Tu viens, Mélisande ? On va voir si Renaud ne s'endort pas. »
Mélisande, c'est ta confidente, une jolie hermine que tes parents t'ont offerte, il y a quelques mois. Toujours prête à t'accompagner, elle bondit de son panier et vous vous glissez comme deux ombres sur le dallage givré de la cour.
Deux ombres qui ignorent être au début d'une grande aventure…

* Vair : fourrure de l'écureuil petit-gris.

1.

Te voici devant la chapelle. Comment ouvrir la porte sans faire grincer ses gonds rouillés ? Cela t'ennuie de déranger Renaud en cette nuit de veille solennelle.
La solution est d'entrer par la sacristie. Tu te diriges vers la petite porte latérale, lorsque quelque chose accroche le bas de ta robe. Le velours se déchire…
Tu baisses les yeux. C'est Mélisande qui a pris l'étoffe entre ses dents pointues. Une robe qui a coûté cinq cents livres tournois* à ton père ! Tu observes Mélisande qui tremble, figée sur ses pattes comme pour t'empêcher d'avancer. Étrange ! Tu jettes un œil à la porte de la sacristie. La poignée tourne… Tu souris. Ce filou de Renaud ! Prendrait-il une récréation discrète au milieu de ses heures d'oraison ? Tu te colles au mur de la chapelle pour le prendre par surprise. La suite au **9**.

* Livre tournois : monnaie en cours au royaume de France à partir du XIIIe siècle.

2.

« Sur quel ton nous parlez-vous, messires ? Je n'ai pas l'habitude d'être menacée et suis un être libre. La preuve : je refuse d'emporter ce sac. Lâche-le, Nafissa, il restera ici.

— Votre insistance est regrettable, gronde le brigand en dégainant son épée, aussitôt imité par son compère. Elle prouve que vous serez incapable de surmonter votre curiosité… Et nous avions des ordres dans le cas où cela se produirait. »

Ils s'avancent, lame au clair. Tu arraches le sac à Nafissa et tu le balances sur le premier agresseur, qui s'écroule, assommé. Tu portes le même coup au second, mais il fait un bond de côté puis fond sur toi !

La suite au **7**.

3. Tandis que le marchand retient Marie, les malandrins se jettent sur toi. Tu t'adosses contre un mur, à côté d'une étagère encombrée d'outils de menuisier ; tu lances ces projectiles sur tes adversaires qui se protègent avec des planches. Les outils percutent ces boucliers improvisés, l'un après l'autre… Mais bientôt l'étagère est vide !
La suite au 14.

4. Lorsque tu pénètres dans la cour de la citadelle, tu as l'immense surprise de t'entendre héler par une voix familière…
« Isabelle ! »

Toi qu'aucune épreuve vécue jusqu'ici n'a pu désarçonner, tu manques de tomber de cheval en reconnaissant Renaud et ton père ! Renaud te donne une accolade comme si tu étais un frère d'armes. Quant à ton père, la stupeur lui a paralysé la langue.
« D'où venez-vous ? t'exclames-tu, stupéfaite.
– C'est toute une histoire, répond Renaud. Nous avons été capturés aux joutes de Pontcharail par les conjurés, qui craignaient que nous ne soutenions le roi. Puis nous avons réussi à nous enfuir… Je te raconterai en détail. Mais toi ? Que fais-tu ici ? »
Tu ris, tu pleures, tu tends à ton père la coupe familiale retrouvée, tu résumes tes aventures. Dans ton émotion, tu n'as même pas vu deux personnages sortir de la forteresse et écouter ton récit avec intérêt. Quand Gautier et Marie mettent genou à terre, confuse, tu imites tes amis : Louis IX et sa mère en personne se tiennent devant toi ! Mais le roi te relève aussitôt.

La suite au 125.

5.

Au moment où tu pénètres dans la tente de ton frère, l'écuyer Enguerrand sort de son évanouissement et se masse le crâne, l'air hagard.

« Dame Isabelle ! s'exclame-t-il d'une voix pâteuse. Que faites-vous ici ? Où est votre frère ? »

Tu mets un doigt sur tes lèvres et lui racontes ce qui s'est passé. Tout feu tout flammes, il bondit déjà pour courir sur les traces de Renaud, mais tu l'arrêtes :

« Non, Enguerrand ! Vous allez d'abord m'aider. Le chevalier qui a commandité l'enlèvement est celui dont l'oriflamme est d'argent, là-bas. Le connaissez-vous ?

– Oui, dit Enguerrand après avoir observé le blason qui claque dans la bise. C'est le chevalier de Noirevilaine. Un vassal du duc de Bretagne.

– Bien. Voici mon plan… »

La suite au **70**.

6.

On a fait entrer le roi et sa mère dans la salle d'honneur de la forteresse, où des serviteurs s'empressent de leur servir un repas. En apprenant votre présence au château, Louis a tenu à recevoir à sa table ses cousins et son oncle. Gautier et Marie ont été conviés aussi, car le jeune roi est bon et simple : il ne compte pas les quartiers de noblesse de ses hôtes ! Tout en mangeant à belles dents, Louis écoute avec admiration le récit de tes aventures…

La suite au **125**.

7.

Tu te précipites pour ramasser l'épée de son compère évanoui et pares le coup d'un geste enseigné par Renaud. Lame contre lame, vous vous affrontez longuement. Le brigand s'épuise car Renaud t'a appris les secrets de l'un des plus grands maîtres d'armes du royaume, les parades les plus modernes et les plus efficaces, tandis que la tactique de ton adversaire est rudimentaire. D'un autre côté, cette épée trop lourde te fatigue le bras, et la neige s'est mise à tomber, gênant ta visibilité.

Soudain, l'autre brigand se redresse. Nafissa est penchée sur lui et, stupéfaite, tu te rends compte que c'est elle qui l'a réveillé !

La suite au **13**.

8.

La tente de ton frère semble déserte à première vue. En fait, elle ne l'est pas : Enguerrand, l'écuyer* de Renaud, gît, évanoui, dans un coin. Aucune trace de ton frère ni de ton père, en revanche ! Folle d'inquiétude, tu ressors de la tente. Dans l'agitation des préparatifs, personne ne se soucie de toi. Les écuyers arment leurs maîtres, fourbissent les lances, calment les chevaux. Celui de Renaud, déjà caparaçonné**, piaffe devant la tente, encore plus nerveux que les autres. Tu t'approches de lui, tu lui flattes l'encolure en lui parlant doucement. Il te reconnaît et s'apaise.

Tu le laisses attaché et t'éloignes avec l'intention de fouiller le campement. En passant devant l'entrée d'une tente, tu saisis des paroles qui t'arrêtent aussitôt...

Prête l'oreille, au **28**.

* Écuyer : gentilhomme qui accompagne le chevalier et lui porte son écu.

** Caparaçonné : revêtu d'un caparaçon, housse d'ornement que porte un cheval lors d'une joute.

9.

Tu te fonds dans le gris de la pierre et Mélisande se cache derrière ta robe. Quelle stupeur quand la porte s'ouvre : l'homme qui sort n'est pas ton frère ! C'est un gaillard corpulent, enveloppé dans un manteau de laine, le visage dissimulé sous un bonnet. Il s'avance à pas de loup, s'arrête sur la tache de lumière dessinée au sol par la clarté du vitrail, examine les environs et entrouvre son manteau l'espace d'une seconde.

Tu reconnais, serrée dans sa main, une coupe qui fait la fierté de ta famille depuis deux cents ans : un calice d'or incrusté de pierreries, jadis offert à tes ancêtres par le roi de France en signe d'amitié.

L'autre main du voleur est crispée sur un poignard. Que faire ? Choisir la témérité, au **92** ? Ou la prudence, au **15** ?

10.

À peine arrivé, le chef envoie quelques hommes (dont Gautier) dans des directions diverses, ordonne aux plus âgés de te garder et disparaît lui-même vers un lieu connu de lui seul. Hélas, tu ne peux t'échapper de la clairière, car on te surveille de près. Les heures passent : la courte journée de décembre s'achève. Il doit être 5 heures. Aux derniers rayons du couchant, le chef revient, accompagné d'une créature bien inattendue en ces lieux… Découvre-la au 18.

11.

Décide-toi vite : foncer vers le labyrinthe des ruelles avoisinantes pour semer vos adversaires, au **20** ? Ou courir vous réfugier dans Notre-Dame, au **16** ?

12. Dans ce coin-ci de la bibliothèque, c'est encore plus beau, plus solennel. Les enlumineurs ont disposé des fioles de peinture sur leurs tables. Rouges éclatants, bleus célestes, verts profonds, or scintillant… Les pages qu'ils peignent offrent à tes yeux un régal de couleurs.
L'hôtelier s'entretient à voix basse avec un moine qui orne une lettre « C » d'oiseaux colorés. Le portier interrompt le dialogue en murmurant le motif de ta visite. Aussitôt, l'hôtelier te fait signe de le suivre hors de la bibliothèque.
Il t'emmène à l'hostellerie, au **26**.

13. La fureur et l'incompréhension ravivent tes forces. Du plat de ta lame, tu assommes le brigand qui te combattait. Puis tu te précipites vers son compère et le gratifies du même coup sur le crâne. Tu t'avances ensuite vers Nafissa en baissant ton épée et t'exclames d'une voix glaciale :
« Maintenant, Nafissa, tu me dois une explication. »
La belle Sarrasine se met à pleurer, au **59**.

14. Te voyant désarmée, les bandits s'avancent. Tu te jettes contre un bouclier, puis contre le second, déséquilibrant les deux hommes. Mélisande se met de la partie. De ton épaule, elle saute sur le premier, plante ses crocs dans son avant-bras, puis mord le second au même endroit, justice oblige ! Pendant qu'ils hurlent de douleur, elle escalade la tunique du marchand jusqu'au chapeau qu'elle rabat sur ses yeux. Aveuglé, le marchand lâche Marie.
Vous échapper par la porte, au **37** ? Ou par la fenêtre ouverte, au **19** ?

15.

Tu attends en maudissant le nuage blanc que forme ton haleine dans la nuit. Heureusement, le voleur traverse la cour sans se retourner. La herse est fermée. Tu espères que le coquin va tomber sur une patrouille, mais le silence t'apprend qu'il a pu déjouer à la fois la vigilance des gardes et les obstacles des remparts.
Tu te précipites dans la chapelle, au **23**.

16.

Le droit d'asile dans les églises est sacré. Hélas, les deux brigands n'ont aucun sens du religieux et vous entendez bientôt leurs pas lourds dans la nef.

Heureusement, la cathédrale est vaste et, pendant cinq minutes, vous jouez à cache-cache entre les colonnes. Le velours de vos chaussures étouffe le bruit de vos déplacements, tandis que les bottes de vos ennemis claquent sur le dallage, trahissant leur position.

Enfin, vous n'entendez plus rien. Retenant votre souffle, vous sortez par une porte latérale et vous vous retrouvez sous les échafaudages qui ceinturent la tour nord.

« Le chantier est interdit aux badauds, grommelle un sculpteur qui descend la dernière échelle. Déjà que je viens de me faire bousculer par deux curieux là-haut… »

La suite au **32**.

17.

Tu lances ton destrier au maximum.
Noirevilaine va plus vite encore car il fait usage d'éperons acérés.
La distance fond entre vous.
Dans trois secondes, c'est le choc : frapper à gauche, au **22** ?
Ou à droite, au **116** ?

18.

C'est une fille de ton âge, aux cheveux noirs, à la peau mate. Son costume est étranger et tu l'identifies comme étant celui d'une princesse sarrasine. Combien de fois les ménestrels qui passaient au château t'ont-ils émerveillée par leurs chansons sur les croisades ! Il y avait toujours, dans leurs ballades, de nobles dames arabes dont les chevaliers francs tombaient fous amoureux… La jeune fille que tu as devant toi, avec sa robe orientale et son voile, sort de cet univers-là.

Le chef des bandits te la présente, au **21**.

19.

Tu fais signe à Marie de passer la première ; elle se glisse dans la rue. Tu t'engouffres derrière elle. Hélas ! Un pli de ta robe se prend dans un crochet, et les deux bandits te tirent en arrière… Te voyant prisonnière, Marie rentre courageusement par la porte et elle est vite maîtrisée.

Votre résistance a mis les trois malfaiteurs en rage : vous ne sortirez pas vivantes de cette boutique.

FIN. Retourne au **14**.

20.

Marie et toi bondissez comme si vous aviez le feu aux trousses. Mélisande vous ouvre la route, forçant les passants stupéfaits à s'écarter devant ce bolide de fourrure blanche.

En atteignant une rue plus calme, tu constates avec soulagement qu'il n'y a pas de bruit derrière vous. Vous ralentissez.

« Marie, dame Isabelle ! » s'exclame une voix toute proche.

Tu ne peux réprimer un hoquet d'effroi, mais Marie a déjà identifié l'inconnu :

« Gautier ! Que fais-tu ici ? »

La suite au **118**.

21.

« Voici Nafissa. Elle a été faite prisonnière en Palestine par l'un de ces chevaliers qui se disent nobles, mais n'hésitent pas à enlever de jeunes innocentes… Je les vomis ! »

Cette fois, tu en sourirais presque. Cela doit être son expression favorite !

« Ce triste sire traversait la forêt hier. Nous l'avons délesté de ses biens. »

Nafissa écoute tout d'un air mélancolique. Elle hoche la tête : elle a compris, elle parle français.

« Au risque de te surprendre, reprend le brigand d'un air ironique, les bandits de grand chemin ont parfois le cœur généreux. Je me suis laissé émouvoir par les malheurs de cette jeune fille déracinée. Et j'ai décidé d'aider Nafissa à regagner son pays. Ou plutôt, c'est toi, jeune fille, qui vas l'aider. C'est la condition que je t'impose pour sortir libre de cette forêt… »

Il t'explique son plan, au **27**.

22.

Dans un fracas de bois et de métal, ta lance se brise contre l'écu de Noirevilaine, tandis que celui-ci pulvérise la sienne sur ton bouclier. Tu vacilles sous le choc, sans tomber. Il a remporté la première manche car, en l'absence de chute, c'est celui qui rompt son arme avec le plus de force qui a gagné. Vous retournez chacun à une extrémité de la lice, et vos écuyers vous remettent une lance neuve.

« Courage, dame Isabelle ! » murmure Enguerrand.

Nouveau signal, nouvel assaut. Vos chevaux martèlent le sol dans un fracas de tonnerre. Fonce vers la collision, au **95**.

23.

Tu racontes tout à Renaud. Vu la gravité de l'événement, il interrompt sa veillée, le temps d'aller réveiller votre père pour lui expliquer ce qui s'est passé.
Tes parents te demandent une description du voleur. Tandis que Renaud retourne à la chapelle comme le lui commande le rituel de l'adoubement, les recherches commencent dans tout le fief. Tu fermes à peine l'œil de la nuit, trop impatiente de savoir si le voleur a été retrouvé. La suite au **31**.

24.

Vous marchez longtemps dans la neige qui s'amoncelle sur le sol. Mille questions tournent dans ta tête au sujet du sac. Soudain, Mélisande pousse un gémissement et disparaît sans crier gare, blanche sur la neige blanche…
Gris, efflanqués, trois loups sont apparus au bord du chemin ! Tu sais que les loups osent rarement s'attaquer à l'homme, sauf si la peur les y pousse. Tu les observes sans bouger, pour voir leur réaction. Mais Nafissa pousse un hurlement d'effroi et les trois bêtes se précipitent sur vous !
Un bouquet d'arbres nus se dresse à ta gauche. Monter aux branches ? C'est au **34**. Casser une branche pour t'en faire un gourdin ? Va au **38**.

25.

Tu obliques dans la prairie pour rejoindre le bois. Tu suis les empreintes des fuyards dans la neige et tu as bon espoir de les rattraper, quand une flèche te transperce. **FIN**. Tu ne sauras jamais que les silhouettes évanouies étaient celles de Renaud et de ton père, ni pourquoi, à moins de retourner au **134**.

26.

Lumineux, propre, bien aéré, le dortoir des voyageurs est un lieu de repos digne de l'hospitalité des moines.

L'hôtelier se dirige droit vers le fond de la salle.

« C'est ici qu'il a dormi. »

Au son de sa voix, dans le lit d'à côté, un homme se retourne.

« Pardonnez-moi, ami pèlerin, s'excuse le moine. Je ne voulais pas vous réveiller. »

L'homme sourit, s'étire.

« Il me reste de longues semaines de marche avant d'atteindre Compostelle, mon bon père. Alors vous faites bien de me tirer du sommeil. »

Sans même réfléchir, tu lui poses une question :

« Frère voyageur, avez-vous aperçu l'occupant du lit voisin, cette nuit ? »

Réponse au **46**.

27.

« Je vais vous faire escorter par des hommes à cheval jusqu'à quelques lieues* de Paris. Ensuite, vous vous rendrez seules à la capitale, car mes bandits sont connus des gens de police. Vous irez chez un parent à moi qui est orfèvre, vers le chantier de la cathédrale. Ses affaires sont prospères, il est généreux. Il organisera le voyage de Nafissa vers son pays lorsqu'il lira la lettre que j'ai confiée à cette jeune Sarrasine.

La voix du brigand est ferme et son regard te paraît franc. Quant à Nafissa, elle inspirerait de la sympathie à une statue de pierre. Pourtant, tu te souviens de l'avertissement de Gautier… Te voici devant un dilemme : faire confiance au chef, au **47**, ou ne pas le croire, au **35** ?

* Lieue : ancienne unité de distance qui, au Moyen Âge, équivaut à un peu plus de 3 km.

28.

« Mission accomplie, messire. Le jeune chevalier et son père ont été capturés et emmenés où vous savez. Vous n'aurez pas à vous mesurer au prince Renaud à la première joute.
– Ce n'est pas ça qui me faisait peur, imbécile ! Me prends-tu pour un pleutre* ? Tu connais ma bravoure, tu es à mon service depuis assez longtemps... Mais Renaud et son père risquaient de se montrer fidèles à ce roi encore blotti dans les jupes de sa mère. Il fallait les éloigner. Au fait, a-t-on des nouvelles du complot ?
– Oui, messire. L'écuyer du duc de Bretagne est venu m'informer que le rassemblement final aurait lieu demain matin, à l'aube, aux environs de Montlhéry.
– Parfait. Cela me laisse le temps de participer au tournoi et d'y vaincre tous mes adversaires. »
Une main gantée soulève le rideau de la tente ; tu t'esquives.
La première idée qui te vient en tête est de suivre les traces des ravisseurs, au **42**.
Tu en imagines une seconde, un peu plus folle : participer au tournoi à la place de Renaud pour vaincre ce triste sire, au **5**.

29.

À travers des rues déjà bien animées, vous vous précipitez au Louvre. Le château, fortifié par le grand-père du roi Louis, surplombe fièrement la Seine. Tu fonces vers la porte d'honneur pour t'adresser aux sentinelles, quand un messager couvert de poussière arrive au galop. Les gardes écartent leurs hallebardes.
« Où en sont les choses ? » demandent-ils.
Tu tends l'oreille, au **111**.

* Pleutre : homme sans courage ni dignité.

30.

Tu ouvres ta bourse. Il s'y trouve un sachet que tu portes sur toi en toutes circonstances. et qui contient de la thériaque, un mélange savant que tu as fabriqué sous la surveillance du maître apothicaire du château. C'est le remède et l'antidote le plus puissant de ton époque, efficace contre tous types de blessures… Le cœur battant, tu verses toute la poudre entre les lèvres violettes de Nafissa, puis tu fais fondre un peu de neige sur sa langue…

La suite au **36**.

31.

Le lendemain, à l'aube, tu apprends qu'on a arrêté un serf au village.

« A-t-on retrouvé la coupe chez lui ? demandes-tu à ton père.

– Pas encore.

– Dans ce cas, comment savez-vous que c'est lui le coupable ?

– Il correspond au portrait que tu as fait du voleur.

– Dans la nuit et l'affolement, père, mon observation était imprécise !

– Allons bon, Isabelle, tu as un œil de faucon. »

L'œil de ton père, lui, est celui d'un fauve. La disparition de sa coupe l'a mis dans une vraie colère princière.

« Qu'allez-vous faire, père ? »

Réponse au **33**.

32.

« À quoi ressemblaient-ils ? demandes-tu, inquiète.

- À des gargouilles », répond l'homme en s'éloignant.

Vos deux poursuivants sont donc montés sur les tours pour vous espionner d'en haut !

Attendre la nuit dans la cathédrale, au 39 ? Raser le mur sous les échafaudages puis bondir dans la ruelle qui s'ouvre là-bas, au 86 ?

33.

« Aujourd'hui, rien : l'adoubement de ton frère passe avant tout. Demain, Renaud et moi partons aux joutes de Pontcharail. Mais, à notre retour, je ferai mettre ce vaurien à la question pour savoir où est la coupe. En attendant, il est enfermé dans un cul de basse-fosse*. »

Ton cœur se serre. Quand on veut faire parler un prisonnier, surtout un serf, on ne s'y prend pas par la douceur. Et la torture provoque des aveux même chez les innocents… Est-il coupable ou non ? Tu n'en sais rien mais, dans le doute, tu ne peux admettre que ce serf meure par ta faute s'il n'a rien fait ! Et, s'il est innocent, le seul moyen de le sauver est de retrouver la coupe volée avant le retour de ton père.

Cela a un prix : manquer l'adoubement de ton frère chéri ! Mais la vie d'un homme passe avant tout, même (et surtout) quand la société considère cet homme comme un être sans valeur.

C'est ce que ton cœur te dit, et tu tâches de l'expliquer à Mélisande en quittant le château par une porte dérobée. Elle trottine à ton côté en hochant la tête, comme si elle comprenait.

La suite au **43**.

* Cul de basse-fosse : cachot souterrain.

34.

Tu grimpes lestement malgré ta robe qui s'accroche aux branches. Parvenue à deux mètres du sol, tu regardes vers le bas : les loups n'ont pas essayé de te poursuivre, mais ils se pressent contre Nafissa, gueule ouverte…

Tu regretteras toute ta vie cet accès de lâcheté qui va la faire mourir sous tes yeux. Retourne plutôt au 24.

35.

Tes soupçons ne pourront être confirmés ou levés que par une entrevue avec Gautier. Il te faut trouver un prétexte pour attendre son retour. Ton attitude va dépendre du rôle que tu t'es donné : le chef des brigands te croit-il fille de serf, au **44** ? Ou fille de prince, au **62** ?

36.

Pourvu qu'elle avale ! Pourvu que le dosage des soixante-quatre plantes que tu as pilées soit juste ! Les secondes passent, interminables. Pétrifiée d'inquiétude, tu serres Mélisande dans tes bras. Enfin, les joues de Nafissa se marbrent de rose ; elle tousse, crache et rend le contenu de son estomac. Sauvée !

Maintenant que tu ne crains plus pour sa vie, la colère te submerge. Mais à peine la rescapée a-t-elle recouvré ses esprits qu'elle éclate en sanglots. « Merci », « pardon », les mots se bousculent dans sa gorge, désarmant ta fureur, car tu as trop grand cœur pour rester insensible à des remords aussi visibles.

Écoute sa confession, au **59**.

37.

La poignée résiste. Angoissée, tu tires plus fort, et la porte cède. Vous sautez dans la rue, Marie et toi. Mélisande, lâchant le marchand, se faufile derrière vous. Vous courez à perdre haleine, jouant des coudes pour fendre la foule.

À l'angle de la rue, tu heurtes un jeune homme qui courait en sens inverse. Quel choc ! Étourdie, tu entends Marie s'écrier :

« Gautier !

– Marie ! Dame Isabelle ! s'exclame le jeune homme. J'étais à votre recherche ! »

La suite au **118**.

38.

La branche sèche casse facilement. Armée de ce bâton, tu te places devant Nafissa et tu cognes dur sur la première gueule qui s'ouvre devant vous. Le loup s'enfuit avec un jappement de douleur. Au suivant ! Un deuxième coup bien asséné, et la plus grosse des bêtes disparaît, la queue entre les pattes.

Reste le loup le plus malin, qui a compris le danger de s'approcher trop près. Il tourne autour de vous, hors de portée de ton gourdin, grondant et écumant.

À ce moment-là, tu aperçois le petit poignard que Nafissa te tend. Tu le saisis, au **54**.

39.

Une heure plus tard, vous vous glissez hors du sanctuaire. Le chantier est désert et tu crains que vos mouvements ne soient repérables. Mais les bandits ne donnent pas signe de vie et vous vous éloignez de Notre-Dame dans un silence ponctué d'airs de vièle* et de cris d'ivrognes. Les portes des tavernes sont ouvertes. Elles éclairent votre chemin à travers la rue noire.

Soudain, un jeune homme surgit d'une de ces tavernes :

« Marie, dame Isabelle ! Je vous cherche depuis des heures. »

C'est Gautier !

La suite au **118**.

40.

C'est dommage, Isabelle ! Certes, les dames de ton époque sont censées attendre les guerriers à l'abri de leur donjon, mais tu as mérité, par ta vaillance, de vivre en avance sur ton temps. Ne crois-tu pas ? Affirme-le, au 103 !

* Vièle : instrument médiéval à cordes et archet, de la taille approximative d'un violon.

41.

Vous avez pris congé des brigands et marchez sur la route de Paris. La neige s'est mise à tomber dru. Nafissa porte le mystérieux sac et refuse que tu l'aides. Soudain, tu demandes à brûle-pourpoint :
« Dis-moi ce qui s'entrechoque dans le sac, Nafissa.
– Je ne peux pas.
– Tu as peur ? De qui ? De quoi ? »
Nafissa fixe sur toi un regard de bête traquée. Au bout d'un long silence, elle répond :
« Mon voyage en Palestine va coûter cher. Dans ce sac se trouve de quoi le payer.
– Je croyais que l'orfèvre allait tout prendre à ses frais ? »
Nafissa s'emmure dans son silence. Poursuivre l'interrogatoire, au **49** ? Ou attendre qu'elle soit trop épuisée pour te résister, au **24** ?

42.

La neige – que les serfs du seigneur de Pontcharail sont en train de déblayer sur la lice pour permettre au tournoi d'avoir lieu – facilite tes recherches. Au-delà de la zone des tentes, tu as tôt fait de repérer des traces qui se dirigent vers un petit bois. Cinq ou six hommes sont passés par là… Les empreintes aboutissent à la route que vous avez suivie pour venir de Montlhéry. Là, elles se perdent parmi mille autres traces…
Tu dépenserais des heures précieuses à chercher en vain. Tu décides de participer au tournoi : cela te permettra peut-être d'extorquer des informations au triste sire qui a commandité l'enlèvement.
Tu prends soin de revenir très discrètement à la tente de Renaud, au **5**.

43.

Personne ne vous remarque car l'attention des sentinelles est ailleurs : des dizaines d'hôtes nobles arrivent au château pour assister à l'adoubement. Tu entends le héraut d'armes* proclamer leurs noms.
En descendant la colline, tu hésites entre deux directions : le village, où tu pourrais te renseigner sur le serf soupçonné, au **53** ; et le monastère voisin, où le moine hôtelier est une mine d'informations sur les voyageurs qui traversent la région, au **67**.

* Héraut d'armes : officier chargé d'annoncer l'arrivée des visiteurs.

44.

Tu baisses les yeux au sol en te balançant d'un pied sur l'autre :
« Messire brigand, sûr que j'vas aller à Paris avec c'te belle dame étrangère. Mais avant, j'aura une faveur à d'mander. Tout à l'heure, j'ai causé avec un damoiseau d'vos amis, Gautier. Il m'a traitée comme une dame et c'est la première fois d'ma vie qu'ça arrive. J'aim'rais fort lui dire au r'voir… »
Le chef des bandits éclate de rire :
« Bon, permission accordée. Les hommes qui vont vous escorter savent où se trouve ce joli cœur et passeront par là en chemin. Mais attention : vous aurez deux minutes pour causer, pas plus ! »
Deux cavaliers vous prennent en selle, Nafissa et toi. Vous vous éloignez, au **51**.

45.

Toujours muette, tu la regardes tirer de dessous sa robe une ficelle grossière à laquelle est suspendu un saphir. La surprise t'arrache enfin une exclamation :
« Je reconnais cette pierre ! Elle vient de NOTRE coupe ! »
En effet, elle est identique à celle que tu as retrouvée hier.
La suite au **69**.

46.

« J'ai dormi comme une souche, gente dame, épuisé que j'étais. Mais oui, ce bougre m'a réveillé au milieu de la nuit. Il était vêtu de pied en cap et parlait avec une ombre qui l'accompagnait. "Deux heures, demain, dans la forêt de Rochebrune", c'est tout ce que j'ai entendu. Quand ils m'ont vu m'agiter, ils se sont tus, l'autre est parti, et mon voisin s'est couché. »

Tout en écoutant le pèlerin, tu inspectes le lit vide et secoues la couverture.

Un objet bleu en tombe. C'est un saphir, qui provient sans aucun doute possible de la coupe familiale : certaines pierres commençaient à se desceller avec le temps. Cette preuve du vol te décide :

« Je vais me rendre à Rochebrune. »

Le frère hôtelier s'exclame :

« Ne vous aventurez pas dans cette forêt infestée de bandits ! Retournez au château et faites envoyer les hommes de votre père au rendez-vous. »

Il a raison et tu suis son conseil, va au **57**. Il a raison, mais tu décides de mener seule l'enquête, rends-toi au **50**.

47.

L'escorte est prête, les chevaux sellés, et vous partez sans que tu aies pu revoir Gautier. C'est dommage, mais l'essentiel est là : te voilà libre, t'éloignant des bandits. Leur chef, même s'il t'a menti, ne peut plus rien contre toi ! En parvenant très vite à Paris avec Nafissa, tu espères avoir encore le temps de retrouver la coupe et de libérer le prisonnier innocent. En attendant, tu auras aussi contribué à libérer une captive !

La suite au **61**.

48.

Tu pousses Marie sur les premières branches. Malgré sa frayeur, elle grimpe facilement, comme entraînée par une longue habitude ! Et tu es bien surprise lorsqu'elle te murmure d'un air excité :

« Dès qu'ils passent sous ces arbres, on leur saute dessus pour leur voler leurs chevaux, d'accord ? »

Tu es un peu affolée par ce plan téméraire.

« J'ai l'habitude des embuscades, chuchote Marie. J'ai suivi mon père dans des centaines de guets-apens. La surprise aidant, ça marche à tous les coups ! »

Les deux bandits arrivent comme des ombres fantomatiques. À la vue du sac resté par terre, ils arrêtent leurs chevaux juste en dessous de vous.

Marie se laisse tomber sur le premier cavalier, qui roule à terre sans comprendre ce qui lui arrive ! Tu hésites à la suivre, quand la branche sur laquelle tu es assise à califourchon craque, au **77**…

49.

« Nafissa, tout ceci me paraît louche. »

Tu la dévisages intensément, tandis qu'elle baisse les yeux. La neige tombe, de plus en plus épaisse. Nafissa fait un geste machinal pour resserrer son manteau, et cela attire ton regard vers un pendentif glissé dans le col de sa robe. Tu aperçois une pierre à demi cachée par les vêtements. Ce bleu te rappelle quelque chose… Tu tends la main et dégages un collier de dessous la robe. Il est fait d'une ficelle grossière à laquelle est fixé un saphir bien reconnaissable : c'est le jumeau de celui que tu as retrouvé par hasard hier, il appartient à la coupe familiale !

La suite au **58**.

50.

Tu marches trois heures durant vers cette forêt située en bordure du fief de ton père. Les routes sont mauvaises, glissantes, mais c'est pire quand tu coupes à travers champs : les chaumes* restés au sol après les dernières récoltes t'écorchent les pieds à travers tes fines chaussures de velours.

Enfin, tu arrives en vue de Rochebrune. À la position du soleil, tu estimes qu'il est 11 heures et tu t'accordes une sieste en bordure d'un champ. Mieux vaut ne pas pénétrer dans les bois trop à l'avance. Mélisande, aussi fatiguée que toi, se love dans tes bras et s'assoupit aussitôt.

Tu dors d'un sommeil haché par crainte de laisser passer l'heure. À 1 h 30, tu réveilles ton hermine et vous entrez dans la forêt, au **64**.

* Chaume : pour les céréales, partie basse de la tige qui reste en terre après la moisson.

51.

Les cavaliers foncent à travers la forêt malgré la pénombre et les branches qui vous giflent le visage. Après un quart d'heure de chevauchée inconfortable, une voix menaçante tombe d'un arbre :

« Qui va là ? »

Tu sursautes et lèves la tête, au **56**.

52.

« Ne faites pas confiance à notre chef. Il ment comme il respire. La preuve, il ne vient pas d'une famille de serfs. »

Stupéfaite, tu n'oses pas le regarder.

« Moi, j'aurais des choses à vous dire, poursuit Gautier. Ce soir, je m'arrangerai pour vous apporter la soupe. En attendant, soyez prudente. »

À cet instant, la troupe s'immobilise : vous êtes arrivés dans une clairière entourée de rochers aux formes tourmentées. C'est le repaire des bandits.

La suite au **10**.

53.

Les villageois, surpris de ta visite, t'indiquent la cabane du serf qui vient d'être arrêté. Elle est située au bout du village, loin derrière les maisons des paysans libres. C'est une hutte misérable, où cinq enfants se pressent autour d'une femme en pleurs. Sur leurs joues, noires de crasse et de suie, les larmes ont creusé des rigoles qui te donnent envie d'éclater en sanglots toi-même.
D'abord hostile, l'épouse du serf se laisse toucher par la générosité qu'elle lit dans ton regard. Elle te donne sa parole que son mari a dormi toute la nuit dans la cabane. La parole d'honneur d'une femme de serf est-elle crédible ? Ton père, pétri des préjugés de sa caste*, la balaierait d'un revers de main. Toi, tu y ajoutes foi. Tu le dis à la femme, tu consoles les cinq enfants, qui mourront de faim si leur père ne leur est pas rendu, et tu leur promets de retrouver la coupe.
« Aucun passant suspect n'a été signalé au village ? » demandes-tu.
La réponse au **55**.

54.

Tu plonges en avant et, fermant les yeux parce que cela te dégoûte de tuer une créature vivante, tu frappes le dos maigre du loup. Berk ! Tout ton sang de princesse délicate se révolte ! Mais quand on ferme les yeux, on vise moins bien... Ton estoc n'a fait qu'égratigner l'animal. Néanmoins, il te croit capable d'en faire davantage et s'enfuit ventre à terre. Nafissa s'est mise à sangloter. « Merci... Merci... Quel courage ! Je te dois la vie. Et pourtant, si tu savais qui je suis... » Écoute l'aveu de ta compagne, au 59.

* Caste : groupe social qui se distingue par des privilèges particuliers. Au Moyen Âge, la noblesse forme une « caste ».

55.

Après un silence, l'aîné de la fratrie bredouille :
« Hier, je suis allé porter des… des… des herbes au monastère. »
Tu souris. Son hésitation l'a trahi : il a plutôt vendu aux moines quelques oiseaux pris au piège ! Or le braconnage, la chasse clandestine sur les terres d'un seigneur, est puni comme un crime ! Mais tu te moques éperdument de ce détail et l'interroges d'une voix encourageante :
« Et alors ?
– Le portier venait de faire entrer un homme bizarre. "J'ai d'abord cru que c'était ton papa, qu'il m'a dit, mais il avait l'air dur, dur ! Tout le contraire de ton bonhomme de père !" »
Un quart d'heure plus tard, te voici devant le monastère, au **67**.

56.

« Arbalète et bonnet blanc. »
Ton cavalier a lancé cet étrange charabia d'un ton tranquille. Aussitôt, une forme sombre saute de la branche et tu reconnais Gautier ! Il t'identifie au même moment et sourit :
« Navré de vous avoir fait peur ! J'étais posté ici. Notre chef fait toujours surveiller les issues de la forêt. "Arbalète et bonnet blanc", c'est notre mot de passe.
– Je suis soulagée que ce soit vous, Gautier. Quelle joie de vous voir ! »
Aïe ! Tu voudrais ravaler tes paroles. Ce n'est pas le langage d'une fille de serfs et le cavalier qui porte Nafissa te regarde bizarrement !
Néanmoins, ton cavalier se tourne vers toi :
« Vous avez deux minutes comme convenu. Vous pouvez vous éloigner de quelques pas. »

La suite au **65**.

57.

Au château plane un silence solennel. L'adoubement de Renaud est en cours. Ton frère a reçu ses éperons, son baudrier*, son écu**. Genou à terre, il incline la tête devant son parrain, qui lui pose le plat de son épée sur l'épaule, sous le regard fier de votre père. Votre mère, cependant, promène des yeux angoissés sur la foule assemblée dans la cour.

« Isabelle ! s'écrie-t-elle soudain, brisant le calme de la cérémonie. Où étais-tu ? Nous t'avons cherchée partout ! Quelle peur tu nous as faite ! »

Tous les regards convergent sur toi : tu deviens écarlate comme le blason familial.

La suite au **74**.

* Baudrier : bande de cuir qu'un chevalier porte en écharpe et qui soutient son épée.

** Écu : bouclier du chevalier.

58.

Tu n'es pas remise de ta surprise que Nafissa tire une fiole de son corsage, la débouche et en boit d'une traite le contenu. Aussitôt, la jeune fille pâlit et se tord de douleur. Du poison ! Grâce à tes connaissances médicales, tu réalises que tu as trente secondes pour la sauver.

La suite au 30.

59.

« Je ne suis pas sarrasine. Je suis la fille du chef des brigands, maquillée et déguisée. Je m'appelle Marie. »

La stupeur te réduit au silence. Marie désigne le sac de toile :

« Dans ce sac, il y a des tas d'objets précieux que je suis chargée d'acheminer à Paris. Avec cette pierre, qui était tombée d'une coupe. »

Si Marie vient d'échapper à une dose de poison mortel, rends-toi au **63**.

Si tu viens de la sauver des loups, va au **45**.

60.

Vous vous dirigez vers le chantier de la cathédrale. Coups de pics, de pioches et de marteaux, chansons des tailleurs de pierre, cris des maçons qui s'interpellent d'un échafaudage à l'autre… Stupéfaites par l'ampleur de l'ouvrage, vous levez le nez vers les deux tours inachevées qui se dressent vers le ciel. Le soleil couchant traverse un vitrail circulaire autour duquel s'affairent des maîtres verriers. Éblouie, tu peines à détacher ton regard de ce joyau.

« La rosace de Notre-Dame, lance un menuisier qui quitte le chantier. On vient de la poser, et elle n'a pas fini de faire lever le nez aux passants ! Bonne nuit, jolies damoiselles, que Dieu vous bénisse.

– C'est beau ! » murmure Marie.

Vous restez là, immobiles comme les statues qui décorent les tympans de la cathédrale. Mélisande s'impatiente. Les deux individus qui vous observent de loin lui rappellent un mauvais souvenir… et elle finit par mordre ta robe pour attirer ton attention.

Tu aperçois alors les brigands qui vous ont escortées à cheval la nuit dernière !

La suite au **126**.

61.

Ton optimisme s'accroît encore lorsque tu aperçois, à la clarté de la lune montante, un éclair blanc qui galope au ras du sol à côté du cheval. C'est Mélisande ! Elle t'a retrouvée ! Tu arrêtes le cavalier qui te transporte en amazone derrière lui, ton hermine grimpe sur le cheval, à la grande stupéfaction de l'escorte… et le voyage continue, au **66**.

62.

« Messire, dis-tu, j'ai faim. Pardonnez-moi, je n'ai rien mangé depuis ce matin et je défaille. »

Le chef des brigands esquisse un sourire agacé.

« Oui, vous autres princesses êtes habituées à vous remplir le ventre à heures fixes, tandis que le peuple crève la faim… Bien. Mais je te préviens, ici le festin ne sera pas royal. Mathieu ! Apporte le reste de soupe. »

Aussi lentement que possible, tu avales la soupe à moitié gelée. Le chef s'impatiente, tu désespères. La nuit est tombée, Gautier ne revient pas.

« Il me semble que vous êtes moins nombreux que tout à l'heure… »

Tu as risqué la question, le cœur battant. Le chef te répond d'une voix abrupte :

« Bien sûr. Huit de mes hommes font le guet toute la nuit à travers la forêt. Rochebrune est une forteresse dont je suis le seigneur. Nul ne peut y pénétrer sans être vu ! »

Cette explication sonne le glas de tes espoirs. Ainsi donc Gautier ne sera de retour qu'à l'aube !

Tu as fini ta soupe et le chef est pressé de vous voir partir. Monter en selle ? Va au **76**. Demander à revoir Gautier ? Va au **82**.

63.

Marie te montre le collier qu'elle porte autour du cou, où brille le joyau familial. À cette vue, de nouveau, tu te sens au bord de l'explosion de fureur, surtout quand tu songes qu'un malheureux serf a été jeté aux oubliettes à cause de ce vol.

« Ce saphir provient d'une coupe qui appartient à ma famille, Nafi… Marie ! Le savais-tu ? »

La suite au **69**.

64.

Le pâle soleil d'hiver filtre à peine à travers les arbres dénudés tant la forêt est dense. L'obscurité et le silence t'oppressent. Pourtant, tu avances courageusement en te répétant l'antique devise de ta famille : « Tête haute ! » Tu marches depuis cinq minutes, quand Mélisande pousse un cri d'alerte. Des branches craquent dans les taillis, partout autour de toi, et une trentaine d'hommes t'encerclent.

Contre-attaquer, au **98** ? Parlementer, au **106** ?

65.

Aussitôt en tête-à-tête, tu expliques à Gautier la mission que son chef t'a confiée. Il glisse un regard soucieux vers Nafissa.

« Je me demandais justement qui était cette fille. À mon avis, le chef a inventé un conte. Nous aurions forcément eu vent de l'arrivée de cette captive sarrasine parmi nous, et je n'en ai pas entendu parler… »

Soudain, il écarquille les yeux :

« À moins que ce ne soit… Attendez… »

Se sentant observée, Nafissa échange un regard avec les deux bandits.

À cet instant, une forme blanche percute tes jambes…

La suite au **79**.

66.

Vous galopez toute la nuit. Le froid te transperce jusqu'aux os. Pourtant, lors d'une halte, voyant que Nafissa a les lèvres bleues, tu lui tends ton manteau de vair. Elle refuse d'abord, mais tu n'es pas princesse pour rien : tu prends un ton si impérieux qu'elle accepte ton offre, avec un regard éperdu de gratitude, car elle pensait mourir de froid dans sa robe trop légère. Bravo pour ce geste digne de sceller votre amitié. Poursuivez la route, au **71**.

67.

Le frère portier connaît la fille du seigneur des lieux et t'accueille avec un sourire. En quelques mots, tu lui décris les événements nocturnes.

« Cette nuit, s'exclame-t-il, nous avons hébergé un visiteur qui me paraissait mauvais comme un diable ! Mais le frère hôtelier m'a dit que c'était péché de juger les gens sur leur mine. Il lui a donné bon lit et bon repas. Ce drôle de chrétien est reparti à l'aube en direction de Castelfier. »

T'élancer sur la route de Castelfier, au **73** ? Prendre quelques minutes pour interroger le frère hôtelier, au **78** ?

68.

Gautier se tait, vous laissant digérer cette information stupéfiante. Pendant quelques instants, on n'entend que le grincement de la chaîne rouillée qui maintient l'enseigne à l'encorbellement* de la boutique. Enfin, tu articules à grand-peine :

« Quand doit avoir lieu cet enlèvement ?

– Demain, répond Gautier d'un air sombre. Le roi et sa mère rentrent d'un voyage à Vendôme ; ils sont en route pour Paris. Les conjurés ont prévu de se trouver sur leur chemin. »

Si rapide d'ordinaire à prendre une décision, tu ne sais pas quoi faire. Il faut sauver le roi, mais comment ? Des idées fébriles te viennent à l'esprit. Galoper toute la nuit jusqu'à chez vous et prévenir les tiens qui se porteront au secours de leur suzerain, au **101** ? Ou estimer que le repos porte conseil et t'accorder quelques heures de sommeil, au **137** ?

* Encorbellement : étage supérieur d'une maison qui s'avance en surplomb sur la rue.

La surprise de Marie est sincère.

69.

« Je l'ignorais, Isabelle. Si je l'avais su, ça aurait ajouté à mes remords... Tiens, reprends ce joyau.

– Mais où est la coupe ? »

Marie hésite, puis hausse les épaules et éventre le sac de toile.

« Prends-la et fuis avec. Moi, de toute façon, je suis condamnée à mort.

– Pardon ???

– Mon père ne m'a jamais aimée. Et il m'a fait savoir que si je le trahissais, il me ferait tuer. »

Mais voilà qu'un bruit étouffé de sabots crisse sur la neige, et Marie, blême de frayeur, se redresse...

La suite au **72**.

70.

Une demi-heure plus tard, une sonnerie de trompettes annonce le début du tournoi. La foule massée dans les gradins est enthousiaste malgré le froid. Les joutes sont rares en hiver et ce divertissement est hautement attendu !

Un à un, les cavaliers pénètrent en lice. À leur entrée, le héraut d'armes proclame leur nom. Tu attends le moment fatidique, le cœur battant à se rompre... Enguerrand t'a fait revêtir la cotte de mailles de Renaud. Tu flottes dedans, mais l'écuyer t'a affirmé que cela ne se voyait pas. Le heaume* rabattu sur ton visage cache tes traits. Il serait même difficile d'observer tes yeux. De toute façon, ils sont bleus comme ceux de Renaud.

« Le chevalier de Noirevilaine ! » annonce le héraut.

Ton adversaire entre en caracolant dans la lice. Mais sa belle assurance disparaît lorsque le nom de Renaud est prononcé juste après le sien. Il fait volte-face...

La suite au **89**.

* Heaume : casque de chevalier qui protège la tête et le visage.

71.

Une aube grise se lève lorsque les deux cavaliers s'arrêtent au milieu d'une plaine déserte.

« Nous ne sommes plus très loin de Paris ; vous devez continuer seules à présent. »

Tandis que vous descendez de cheval, engourdies par l'épuisement et le froid, l'un des cavaliers tend à Nafissa un gros sac de toile brune qui était attaché à sa selle. Docile, ta compagne saisit le sac et vacille sous son poids. Tu entends un tintement métallique étouffé. Tu t'exclames :

« On ne va pas voyager avec cet énorme sac ! Que contient-il ? »

Réponse au **84**.

72.

« Ce sont eux : les bandits qui nous escortaient ! Ils nous espionnaient ! Vite, prends ta coupe et fuis ! Je dirai que tu t'es fait emporter par les loups. »

Tu n'es pas du genre à accepter l'offre généreuse de Marie. Mais il faut faire vite car les cavaliers approchent !

C'est à cet instant que Mélisande choisit de revenir se blottir entre tes jambes.

« Déserteuse, va ! Rattrape-toi, Mélisande. File te cacher avec cette coupe. »

L'hermine a compris. Elle saisit le calice entre ses mâchoires. La neige la camoufle si bien que la coupe semble courir toute seule par terre ! Mélisande trouve rapidement une ornière satisfaisante, creuse un abri en trois coups de pattes et s'enfouit sous la neige.

Aider Marie à grimper avec toi sur le bouquet d'arbres, au **48** ?
Vous cacher derrière ce rocher couvert de neige, au **88** ?

73.

Tout en marchant, tu interroges les traces au sol. Peine perdue : la route est défoncée par des ornières, le gel a durci la boue, les empreintes du voleur n'ont pu s'y imprimer.
Après une longue marche, Mélisande et toi atteignez Castelfier. Tu décris ton suspect aux sentinelles qui gardent les portes de la ville.
« C'est jour de marché, te répondent les deux hommes en haussant les épaules. Depuis l'aurore, on a vu affluer au moins deux cents paysans semblables, gente damoiselle… »
Tu pénètres dans le bourg. Sur la grand-place règne une joyeuse animation : appels des marchands, piaffements des bêtes de somme, vacarme de la foule entre les étals branlants…
Le marché bat son plein.
La suite au **81**.

74.

Renaud te sourit, mais ton père est furieux. Cette interruption lui fait honte. Peut-être aussi veut-il cacher qu'il s'est inquiété pour toi.
« L'adoubement de mon fils continue, s'écrie-t-il. Gardes ! Emmenez Isabelle dans sa chambre ; qu'elle y reste jusqu'à ce soir. »
Inutile de faire un scandale dans la cour : tu te laisses entraîner. Mais, une fois dans les couloirs du château, tu expliques la situation aux gardes et demandes à ce qu'un détachement se rende à Rochebrune.
Les deux hommes qui t'escortent échangent un regard, puis l'un d'eux dit avec empressement :
« Nous nous en occupons, Votre Altesse. Ce coquin ne courra pas longtemps la contrée. »
Ils te font entrer dans ta chambre et la clé tourne dans la serrure.
La suite au **83**.

75.

Nouveau départ. Tout en fonçant vers Noirevilaine, tu prends garde à passer du côté de son étrier gauche si vous devez vous croiser ! Mais tu espères renverser le traître avant, et c'est de toutes tes forces, avec une énergie décuplée par le sentiment du danger, que tu frappes son écu de ta lance.

Or Noirevilaine était occupé à manœuvrer pour t'avoir du côté de son étrier droit. Son attention déviée, il cogne avec moins d'ardeur, et ta charge bien ajustée le jette à terre ! La foule hurle sa sympathie… mais aussitôt son effroi : Noirevilaine s'est relevé, il dégaine un poignard et le lance vers ton cœur !

La suite au **99**.

76.

Deux cavaliers vous prennent en croupe, Nafissa et toi, et vous voilà parties au grand galop. Tu es soucieuse, mais un regard vers la jeune fille te redonne le moral. Tu aperçois ses yeux fixés sur toi ; elle te sourit avec une confiance sans bornes. Le chef n'a pas menti, tu en es sûre désormais. Tu te sens devenue l'amie de cette jeune Sarrasine, prête à tout faire pour l'aider.

La suite au **61**.

77.

Le bois mort cède d'un coup sous ton poids. Avec un grand cri, tu tombes pile sur le bandit resté en selle !

« Bravo ! » s'écrie Marie en voyant l'homme faire un roulé-boulé dans la neige.

Vous partez au grand galop, et tant pis pour le sac. La flèche qui t'effleure suggère qu'il vaut mieux ne pas se retourner !

La suite au **85**.

78.

L'hôtelier se trouve à la bibliothèque ; le portier t'y emmène. Les rayons du levant t'accueillent dans cette salle éclairée par de nombreuses fenêtres en ogive*, et l'atmosphère est chaude, lumineuse. À chaque pupitre, un moine est penché sur un livre où il trace de merveilleuses lignes d'écriture. Tu es saisie par l'ambiance méditative des lieux.

« Le frère hôtelier est au fond, avec les enlumineurs** », chuchote le portier.

Suis-le au **12**.

* Ogive : forme d'arc brisé, typique de l'architecture gothique née au XIIe siècle.

** Enlumineurs : artistes qui décorent les livres d'initiales colorées et de fines miniatures.

79.

« Mélisande ! » t'écries-tu.

C'est en effet l'hermine qui a réussi à te retrouver. Tout à la joie de la caresser, tu ne vois pas les deux bandits bander leurs arcs. Une flèche pour toi, une autre pour Gautier, et voilà Mélisande seule au monde !

Ton beau langage, le regard appuyé de Gautier vers Nafissa ont éveillé les soupçons des brigands. Ils se sont doutés que tu n'étais pas fille de serf. Mélisande a confirmé leur intuition, car les hermines sont des animaux de compagnie réservés aux dames nobles.

Or ils avaient ordre de te tuer au moindre doute…

FIN. Retourne au **35**.

80.

Une heure durant, vous sillonnez le château. Ici, vous aidez à verser dans des marmites l'huile qu'on fera bouillir pour la jeter du haut des créneaux. Là, vous disposez près des meurtrières des centaines de flèches qui serviront de réserve aux archers. Soudain, un messager arrive à bride abattue au château. Tu sors dans la cour avec ton amie, au **123**, pour apprendre les dernières nouvelles.

81.

Tu parcours la place en tout sens. Marchands et badauds se sont donné le mot pour porter des manteaux de laine grossière et de larges bonnets. Ou plutôt, ton voleur a eu l'habileté de revêtir cette nuit la tenue la plus passe-partout qui soit ! Les heures s'écoulent. Mélisande donne des signes d'épuisement, sa robe salie par les mille éclaboussures du marché... Le clocher de l'église sonne midi. Tu es tentée de faire halte dans le sanctuaire pour réchauffer tes pieds gelés, au **93**. À moins de pousser jusqu'à l'auberge de Castelfier où s'est peut-être arrêté le voleur ? C'est au **87**.

82.

« Messire, avant de partir, je souhaiterais revoir un dénommé Gautier qui est au nombre de vos compagnons.

– Pourquoi ? »

Le ton est cassant. Tu sens qu'il faut faire attention à ce que tu vas dire.

« En chemin, tout à l'heure, il a prétendu qu'il pourrait m'aider à sauver le serf accusé du vol de notre coupe. J'aimerais connaître son plan. Le sort de cet innocent me tient à cœur.

– Cette bonté t'honore, fillette. Mais Gautier est un blanc-bec qui a menti pour se vanter. Son enfance d'orphelin pauvre lui a donné envie de chercher gloire et richesse à tout prix. Sous ses airs candides, il est fourbe et ambitieux… Pas vrai, mes amis ? »

Les brigands qui vous entourent hochent la tête pour confirmer. Tu ne sais plus quoi penser ni qui croire ! De toute façon, toute insistance réveillerait une méfiance que tu sens à peine éteinte. Va au **76**.

83.

Le soir venu, une servante te libère sur ordre de ton père. Tu descends en courant dans la grande salle à manger. Sans un regard pour les troubadours et les jongleurs, ni même pour le bœuf qui rôtit sur une broche, tu te précipites vers ton père.

« Vos gardes sont-ils revenus de Rochebrune ? »

Ton père écarquille les yeux. Après explication, il fait chercher partout les deux hommes qui t'ont emmenée dans ta chambre. L'un et l'autre sont introuvables.

Las ! Ils étaient complices du voleur. Voilà pourquoi celui-ci a pu entrer si facilement au château. Quant au mystérieux rendez-vous de Rochebrune, il est trop tard pour s'y rendre !

Le saphir retrouvé au monastère innocente le serf, qu'on tire de son oubliette. Tu es très soulagée… mais déçue de ne pas avoir retrouvé la coupe. **FIN**.

Veux-tu essayer de mener à bien cette mission ? Cette ténacité t'honore ! Dans ce cas, retourne au **46**.

84.

« Nafissa le sait. Elle sait aussi qu'il est interdit de l'ouvrir avant de l'avoir remis au parent de notre chef. Laissez-moi vous conseiller de ne pas faire les curieuses. »

Tu bouillonnes d'indignation. Dire ce que tu penses ? Va au **2**. Attendre d'être seule avec Nafissa pour lui faire avouer son secret ? Va au **41**. Considérer que le contenu du sac ne vaut pas la peine de vous mettre en danger et accepter de le transporter sous ces conditions ? C'est au **24**.

85.

Le vent de la chevauchée siffle à vos oreilles. Soudain, tu avises une coupe en or qui galope sur la neige, presque sous les sabots de ton cheval…

« Bravo, Mélisande, on s'arrête dès qu'on est sûres d'avoir distancé ces messieurs ! »

Deux minutes plus tard, l'hermine, pantelante et haletante, se retrouve sur ta selle. Tu fixes la coupe en sûreté entre ta robe et ton jupon. Vous suivez la route à bride abattue pour mettre bon écart entre les brigands et vous.

Tu te tournes vers Marie :

« Explique-moi cette histoire de trafic de trésors, s'il te plaît.

– Je ne sais pas tout, crie Marie pour dominer le bruit de la bise. Il y a trois mois, mon père a été capturé par la police. Il risquait la pendaison, mais a sauvé sa vie en vendant ses services à un grand personnage du royaume… Celui-ci l'a chargé d'organiser le vol d'un maximum d'objets précieux. C'est demain que mon père devait lui livrer la marchandise, par l'intermédiaire de l'orfèvre chez qui nous devions aller.

La suite au **94**.

86.

Vous vous glissez discrètement sous les échafaudages jusqu'à vous trouver en face de l'entrée de la ruelle. Au moment où vous vous élancez, Mélisande, affamée, bondit sur un rat qui furète sur le chantier, attirant l'attention des guetteurs ! Un instant après, un sifflement épouvantable déchire l'air et, dans un fracas d'enfer, une énorme gargouille s'écrase au sol, à un mètre de toi. Sur Marie…

Cette fin est trop triste, retourne au **16**.

87.

L'auberge est pleine de marchands qui déjeunent. Tu en profites pour acheter une cuisse de poulet en te félicitant d'avoir emporté ta bourse. Mélisande ronge l'os avec délices. Tout en mangeant, tu observes la foule tassée dans la salle, sans succès. Pas de chance : l'aubergiste n'a aucun renseignement à te fournir.

« Allez toujours à la porte de Rochebrune, c'est la plus proche d'ici pour sortir de Castelfier, suggère le brave homme. Je connais le garde, il a l'œil pour observer ceux qui quittent le bourg. »

Tu te fais indiquer le chemin vers les remparts. Tu suis une rue déserte, tes oreilles bourdonnant encore du vacarme qui régnait dans l'auberge…

La suite au **104**.

88.

Tu entraînes Marie derrière le rocher en traînant le sac derrière toi. Quelle trace il fait sur la neige ! C'est idéal pour vous faire repérer, et les chandeliers qui tombent en cours de route ne vont pas arranger les choses ! Consternée, tu n'as pas le temps de corriger ton plan : les bandits arrivent, descendent de cheval, ramassent les chandeliers et contournent prudemment votre rocher comme s'ils s'attendaient à un piège. Cela vous laisse le temps de ramper de l'autre côté… et d'un bond, vous sautez en selle ! À ton ordre, les chevaux détalent au galop. Des cris de fureur fusent derrière vous. Tant pis pour les brigands, ils n'auront qu'à user leurs pieds sur la route de Paris !

La suite au **85**.

89.

… et lorsqu'il te voit avancer derrière lui, tu donnerais cher pour lire sa stupéfaction sous son heaume !
« La lance, te souffle Enguerrand avec appréhension au moment où tu t'engages en lice. Il faut que vous présentiez votre lance à la dame de votre cœur en signe d'hommage… »
Zut ! Tu avais oublié ce détail ! Pour la première fois de ta vie, tu regrettes d'être une fille, cela complique la situation ! Soudain, tu avises, en bout de lice, un portrait de Louis IX, sans doute placé là par le seigneur des lieux. Tu n'hésites plus. Tu fonces et inclines respectueusement ta lance devant l'image du jeune souverain. Des murmures amusés s'élèvent des tribunes :
« En voilà un qui aime son roi !
– Ce jouvenceau n'a que 15 ans. Il ne peut encore avoir une dame de cœur… »
Tu as gagné la sympathie de l'assistance. Pas celle du chevalier de Noirevilaine, qui te fixe des yeux, impassible. Si la haine pouvait transpercer une cotte de mailles, tu sens que son regard te tuerait tout net…
La suite au **114**.

90.

Le pont-levis est abaissé à votre approche, et tu pénètres avec tes amis dans la cour d'honneur, où tu t'inclines devant ton cousin Louis :
« Messire, le peuple de Paris est là pour vous protéger. Sous sa bonne garde, vous pouvez reprendre la route. »
Renaud et ton père te regardent avec une fierté immense. Le roi et sa mère te serrent dans leurs bras, puis ils saluent Gautier et Marie.
« Nous nous reverrons », dit ton cousin le roi. Épilogue au **141**.

91.

« Ça t'intrigue pas, Gautier, ce trafic de trésors ? Moi, j'ai mené l'enquête… Je sais à qui tous ces objets sont destinés.

– … ???

– Aux ennemis du roi.

– … ???

– J'ai laissé traîner mes oreilles pendant une négociation entre notre chef et l'envoyé d'un duc. Celui-là, et beaucoup d'autres, sont furieux d'être gouvernés par un gamin de 13 ans avec, pour régente, sa mère Blanche de Castille qu'est même pas française. Ils veulent enlever le roi Louis et prendre le pouvoir. Seulement, on ne fait rien sans argent en ce bas monde… Alors, ils essaient de récupérer tous les fonds qu'ils peuvent. »

Si tu te trouves à Paris avec Marie, la suite est au **68**. Si tu es sur un carrefour en pleine campagne, rends-toi au **138**.

92.

Tu choisis d'alerter la garde. Au cri que tu pousses, Renaud bondit hors de la chapelle, devançant les sentinelles qui arpentent le chemin de ronde. Mais trop tard, hélas, pour t'épargner le coup qui te fait passer de vie à trépas…

Réussira-t-il à retrouver et à châtier ton assassin ? Peut-être, car il est leste et vaillant… Mais ta mission à toi s'est achevée trop tôt.

FIN. Retourne au **9**.

93.

À peine franchi le porche de l'église, tu entends un brouhaha au fond de la nef. Le curé de Castelfier vient de constater la disparition de deux chandeliers ! Et si c'était un coup du même voleur ? Tu emboîtes le pas au prêtre qui, sorti sur la place, interroge la foule.

Une paysanne affirme avoir vu un homme quitter l'église avec des bosses sous son manteau. Elle désigne une ruelle sombre : c'est par là que le suspect est passé. Un attroupement se forme. Trop nombreux pour être rapides, ces gens s'élancent dans un mouvement désordonné d'où émergent des faux et des bâtons. Tu les as devancés, au **97**.

94.

Un grand personnage ! Qui est-il, ce félon qui déshonore la chevalerie par un acte aussi vil ? Et pourquoi veut-il s'enrichir ? Mais Marie n'en sait pas plus. Tout en chevauchant, elle te regarde d'un air inquiet. Tu comprends qu'elle redoute ta rancœur… Tu la rassures d'un sourire. Tu ressens pour elle l'affection d'une amie, presque d'une sœur.

Vous arrivez à un carrefour où un panneau indique des directions. Au nord : « Paris, 8 lieues » : veux-tu y aller pour tenter de démasquer le coupable du trafic ? C'est au **112**. À l'ouest : « Montlhéry, 1/2 lieue » ; une brève étape reposerait ton cheval qui donne des signes d'épuisement. C'est au **100**. Au sud-est : « Pontcharail, 5 lieues » ; ce nom te rappelle quelque chose, mais quoi ? Bah, ça n'a guère d'importance…

95.

À droite, à gauche, au centre de l'écu ? Avant d'avoir pu décider, tu vois en un éclair que Noirevilaine ne vise pas ton bouclier : sa lance t'arrive sur la tête, au mépris des règles. Usant de ta légèreté et de ta petite taille, tu te plies en deux. L'arme de ton ennemi ne rencontre que l'air. La foule hurle son indignation. Interpellé par le héraut, Noirevilaine jure qu'il ne l'a pas fait exprès. Menteur !
On vous donne un nouveau signal de départ, vous démarrez à toute allure. Sois sur tes gardes et tiens ferme ta lance, au **116**.

96.

Dans la citadelle, Mélisande saute dans tes bras, et Marie vous accueille avec joie. Tu la présentes à ton père et à Renaud, qui se montrent aussi aimables avec elle qu'avec n'importe quelle noble dame de leur connaissance. L'ambiance est plus calme que ce matin, car tout est prêt pour soutenir un siège. Il n'y a plus qu'à attendre le convoi royal, qui arrivera dans la soirée. Quant aux conjurés, les espions affirment qu'ils n'agiront que demain matin. Les heures passent pour toi à bavarder gaiement avec Renaud, Gautier et Marie… et à faire une longue sieste pour rattraper ton retard de sommeil !
La nuit est tombée quand une corne de brume sonne du haut de la tour maîtresse :
« Messire le roi approche ! » annonce un guetteur.
Tu te précipites aux créneaux. Un serpent lumineux formé par des dizaines de torches s'avance vers la citadelle. Quel beau spectacle dans la nuit !
La suite au **6**.

97.

La ruelle serpente entre des maisons qui penchent dangereusement les unes vers les autres. Les poursuivants du voleur sont loin derrière toi, cachés par les détours de la rue. Ici, le silence règne...
La suite au **104**.

98.

Ton coude droit s'enfonce dans le ventre du premier adversaire qui se présente. Le gredin recule, le souffle coupé. Tu te baisses pour éviter une main qui allait te saisir par les cheveux et, au passage, tu donnes un coup de poing dans un autre estomac. Il y a une pierre à tes pieds. La ramasser pour t'en faire une arme ? L'idée t'effleure, tu la rejettes : tu es prête à te défendre, pas à tuer. De son côté, Mélisande griffe, mord, crie, bondit comme un démon et met trois hommes en déroute.

Mais tu es vite maîtrisée : à deux contre trente, la partie était inégale. Tandis que deux hommes te saisissent par les bras, tu fais signe à ton hermine de s'enfuir.

La suite au **106**.

99.

Le métal de ta cotte arrête l'arme qui retombe au sol. Dans une émotion sans pareille, tu vois la foule déferler des tribunes et entraîner le félon qui ne risque pas de recouvrer sa liberté de sitôt. On t'entoure, on te félicite, on te réconforte. On veut te faire enlever ta cotte de mailles. Cela te rappelle que les gens te prennent pour ton frère... Tout leur dire et solliciter leur aide pour chercher Renaud, au **110** ? Ou privilégier la rapidité et partir sur-le-champ, au **102** ?

100.

À l'approche de Montlhéry, le son d'une cloche vous est apporté par le vent. Ses battements sont aigres, accélérés.
« Le tocsin ! »
Marie a reconnu comme toi l'alarme qui tinte dans les villages en cas de danger, d'attaque, de catastrophe.
Vous avez encore le choix : retourner au carrefour du **94**, ou poursuivre vers Montlhéry, au **105**.

101.

Tu entraînes Marie et Gautier à l'auberge. Sur le chemin, vous êtes aux aguets, mais les bandits ont disparu. Vous sellez les chevaux, tu prends Marie en croupe, Gautier enfourche l'autre monture, et vous traversez comme la foudre les étendues enneigées qui mènent vers le fief de ton père, en prenant soin d'éviter Rochebrune par un large détour !

Lorsque vous arrivez, à l'aube, transis de froid, vos chevaux à demi-morts de fatigue, c'est pour apprendre que ni ton père ni ton frère ne se trouvent au château. Ils sont au tournoi de Pontcharail… Tu le savais, en plus, depuis le **33** ! Mais ton trou de mémoire t'a joué un tour !

Tes aventures s'achèvent en demi-teinte. Tu rapportes la coupe à la maison, sauvant ainsi le serf inculpé. Mais tu laisses le roi aux dangers qui l'attendent et il est trop tard pour te porter à son secours… Gautier et Marie vont avoir du mal à te réconforter !

Si tu souhaites en faire plus pour le roi ton cousin, retourne au **68**, ou encore au **94**.

102.

Tu prends une voix la plus grave possible – grâce à la résonance du heaume, elle est assez crédible – et tu t'écries :

« Merci, mes braves amis, mais je suis en mission pour le roi et dois vous quitter séance tenante. D'ailleurs, le tournoi n'est pas terminé… Place aux joutes suivantes, et gloire au vainqueur final ! Écartez-vous, je vous prie. »

Sur ces mots, tu t'éloignes au galop, laissant derrière toi une foule absolument stupéfaite !

La suite au **108**.

103.

« Je rentrerai au château, père… quand mon cousin Louis sera sain et sauf en son palais du Louvre. Je vais vous aider à l'y escorter. »

Ton père fronce les sourcils, peu habitué à la contradiction.

« La guerre n'est pas l'affaire d'une fille, Isabelle. »

Tu lui fais face, très droite sur ton destrier :

« Nous ne partons pas en guerre, père. Il s'agit juste de rendre service à notre roi. D'ailleurs, vous ne savez même pas où trouver mon cousin Louis, alors que je peux vous mener à lui… »

Les trois cavaliers se regardent, stupéfaits. Renaud éclate de rire :

« Père, Isabelle nous est indispensable. De toute façon, n'ayez crainte : en cas d'attaque, elle saura se défendre !

– Ah bon ? Qui le lui a appris ? »

Renaud se détourne de votre père pour te lancer un clin d'œil complice. Tu peines à garder ton sérieux !

Trois minutes plus tard, vous galopez en direction de la forteresse de Montlhéry, et c'est toi, Isabelle, qui fonces en tête. Honneur aux dames !

La suite au **96**.

104.

Soudain,
un « splash » sonore retentit,
suivi d'un cri indigné de Mélisande.
Une ménagère a vidé son seau d'ordures
par une fenêtre, et le mélange nauséabond
a atterri sur ton hermine !
« Ma pauvre ! »
Alors que tu la regardes s'ébrouer
d'un air outragé, tu aperçois un éclat bleu
dans le caniveau...
La suite au 115.

105.

Lorsque vous arrivez au village, celui-ci est désert et le tocsin s'est tu. Les maisons sont ouvertes, les cheminées fument encore, tout indique un départ précipité des habitants. Seuls résonnent dans les rues les braiements d'un âne et les cris de quelques coqs. Vous levez les yeux vers la forteresse qui domine le village.

« Ils sont tous là-bas ! » s'exclame Marie.

En effet, des dizaines de silhouettes s'activent sur les remparts, courant le long des courtines* et derrière les créneaux. Tu t'écries :

« Un siège se prépare ! »

Vous exigez un dernier galop de vos chevaux épuisés et parvenez au pont-levis. Par chance, il est encore ouvert. Mais à la vue des vêtements de Marie, un garde vous arrête : l'arrivée d'une Sarrasine en plein branle-bas de combat ne lui plaît guère.

« Halte-là ! »

La suite au **107**.

* Courtines : murs du rempart qui permettent de passer d'une tour à l'autre.

106.

Le chef de bande, un homme entre deux âges, s'avance vers toi. Une balafre lui traverse la joue, il a le nez tordu et un regard froid comme l'acier.

« Eh bien, ma jolie, on se promène seule en forêt ? Ce n'est guère raisonnable… Qu'est-ce que tu fais ici ? »

Lui dire la vérité, au **109** ? Inventer une histoire, au **113** ?

107.

« Mon amie n'est pas plus turque que vous, monsieur, expliques-tu. Il s'agit juste d'un costume.
- Et vous, qui êtes-vous ? » demande la sentinelle.
Tu donnes le nom de ta famille, et le brave homme se met aussitôt au garde-à-vous.
« Que se passe-t-il ici ? Une attaque imminente ?
- Non, Votre Altesse, nous nous y préparons pour demain. Un messager est arrivé ce matin. Messire le roi voyage vers Paris avec la reine mère et a quitté à l'aube la bonne ville d'Orléans. Seulement, un complot se trame contre lui…
- Qui ose s'en prendre au roi ? » t'écries-tu.
La suite au **117**.

108.

Tu mènes le destrier de Renaud à bride abattue vers le carrefour menant à Montlhéry. Juste avant d'arriver à la croisée des routes, tu ralentis. Il était temps, car tu aurais percuté trois cavaliers arrivant du sud ! Eux, en voyant tes longs cheveux flottant au-dessus de ta cotte de mailles, freinent si violemment qu'ils ne doivent leur maintien en selle qu'à une parfaite maîtrise de l'équitation !
« Isabelle ! » crient ensemble les deux cavaliers de tête.
Ta stupeur est égale à la leur, car tu reconnais ton frère et ton père, suivis par Gautier !
La suite au **122**.

109.

Soucieuse de rester évasive, tu expliques que tu es à la recherche d'une coupe que ton père s'est fait voler et à laquelle il est très attaché. La lueur ironique de ses yeux t'apprend que le bandit n'est guère sensible à la perte éprouvée par une famille princière. Tu ajoutes que la vie d'un serf dépend de ton succès.

L'expression moqueuse du brigand s'estompe. Il serre les poings :

« Ces grands seigneurs, prêts à écraser leurs serfs comme des mouches, je les vomis ! »

L'expression est cruelle. Tu baisses la tête en pensant à ton père, homme d'honneur, droit à sa manière, chevalier jusqu'au bout des éperons… mais insensible au sort du menu peuple.

L'homme scrute ton visage et grommelle d'une voix radoucie :

« Peut-être puis-je t'aider. Je viens d'une famille de serfs, moi aussi. »

Il lance d'une voix forte :

« Jacquou, Jeannot, il est l'heure. Allez trouver qui vous savez où vous savez. »

Deux hommes disparaissent à travers les broussailles ; le reste de la bande t'entraîne au **128**.

110.

Tu ôtes ton heaume et montres ton gracieux minois à la foule stupéfaite. Puis tu expliques tout : le complot contre le roi, la disparition de ton frère. Mais tu aurais dû garder ton casque car, à l'instant où tu achèves ton récit, une pierre lancée d'on ne sait où t'atteint au visage.

Le roi sera-t-il sauvé ? Et Renaud ? La suite ne te concerne plus…

FIN. Retourne au **99**.

111.

« Sa Majesté et la reine mère sont retranchés dans la forteresse de Montlhéry. Les conjurés approchent de la citadelle, ils y seront dans quatre ou cinq heures tout au plus. La reine m'envoie demander du secours.

– La garde se mobilise.

– Cela ne suffira pas. Les conjurés sont nombreux. Il faudrait une armée pour les mettre en déroute. La reine mère pense au peuple de Paris… Entre nous, je crois l'idée insensée. »

Tu as tout écouté en retenant ta respiration. Tu balaies du regard les rues pleines de monde, les bateaux qui sillonnent le fleuve, les places qui s'animent à cette heure matinale.

D'un bond, tu grimpes sur la margelle d'un puits, d'où tu cries le plus fort possible :

« Peuple de Paris ! Notre roi a besoin de vous ! »

La suite au **133**.

112.

La longue chevauchée se passe sans histoire. Plus vous approchez de Paris, plus la route est large et confortable. Parvenu au dernier péage, cependant, ton cheval s'effondre d'épuisement. Vous êtes fatiguées aussi. La sagesse vous commande de vous arrêter dans une auberge pour manger et faire une sieste. Tu en profites pour acheter une robe à une servante : Marie sera moins repérable ! Démaquillée, elle perd son teint cuivré, mais elle est toujours aussi jolie. Trois heures plus tard, au coucher du soleil, vous entrez au cœur de Paris, ayant laissé les deux chevaux à l'auberge.

Veux-tu filer directement chez l'orfèvre ? Rends-toi au **119**.

Préfères-tu observer les environs ? Va au **60**.

113.

Tu prends un air apeuré et ignorant (tu remercies en pensée ton précepteur qui t'a appris à jouer toutes sortes de rôles dans les fabliaux qu'il te faisait étudier).

« J'suis fille de serf, monseigneur, et j'ma suis enfuyée d'château d'mon maître en chapardant les habits d'ma maîtresse… J'viens m'réfugier en forêt pour pas que la garde elle me r'trouve ! »

Le chef te sonde jusqu'au fond des prunelles ; tu soutiens son regard sans ciller.

« Dans ce cas, je vais t'aider. Je suis d'une famille de serfs, moi aussi. »

Le chef glisse un ordre à deux hommes, qui disparaissent aussitôt dans les taillis, puis il donne le signal du départ, et la troupe se met en mouvement.

La suite au **130**.

114.

Le héraut rappelle les règles de la joute :

« Le chevalier que je désignerai par tirage au sort ira frapper l'écu de l'adversaire de son choix. Les champions rompront leurs lances jusqu'à ce que chute s'ensuive. Le premier tombé à terre sera déclaré vaincu et soumis à une rançon de cinq cents livres payable à son vainqueur. »

Un lourd silence plane sur la lice tandis que le héraut procède au tirage.

« Que le chevalier de Noirevilaine choisisse un adversaire, et que le meilleur gagne ! »

Tu n'es pas surprise que la lance de Noirevilaine vienne aussitôt taper contre ton écu.

On vous fait prendre position face à face, chacun à une extrémité de la longue lice…

Un coup de trompette éclate : c'est le signal du départ !

La suite au **17**.

115.

C'est une pierre précieuse ! Tu la ramasses, le cœur battant. Tu es sûre que ce saphir provient de la coupe familiale, dont certaines pierres se descellaient. Retroussant ta robe, tu repars au pas de course. Le passage du voleur est récent, sans quoi un passant aurait déjà récupéré le saphir.

La ruelle débouche sur une artère plus large, qui mène aux remparts de Castelfier, du côté opposé à celui par lequel tu es arrivée. Tu interroges le garde en lui donnant la description de ton suspect.

« Oui, un homme semblable a franchi la porte il y a vingt minutes environ, seul.

– Quelle direction a-t-il prise ?

– Il a emprunté la route qui part à gauche, là-bas, en direction de la forêt. »

Tu fais de même et tu atteins bientôt les bois de Rochebrune. Engage-toi sous les arbres, au **64**.

116.

Tu manques l'écu de Noirevilaine à un pouce près. Sa lance t'effleure sans te toucher. Mais, à l'instant où vous vous croisez, tu ressens une douleur au mollet. Parvenue en bout de lice, lorsque tu te retournes pour faire face à ton adversaire, ton regard d'aigle aperçoit un éclat métallique sur son étrier droit… Tu en es certaine, c'est une pointe d'acier destinée à te rentrer dans la jambe ! Heureusement, elle t'a à peine effleurée et, déjà, tu n'as plus mal… Mais auras-tu la même chance à l'assaut suivant ?

Le faire remarquer au héraut, au **121** ? Ou risquer le combat pour tenter d'en finir avec ce félon, au **75** ?

117.

« Des nobles du royaume, fort nombreux, fâchés d'obéir à un enfant. La reine mère Blanche, de plus, est de naissance espagnole, ce qui ne leur plaît guère. Ils se regroupent en ce moment à quelques lieues d'ici. Ils ont l'intention de barrer la route au convoi royal pour enlever messire Louis et prendre le pouvoir.

– Pourquoi le roi n'est-il pas resté à Orléans ?

– Il veut montrer qu'il ne craint pas les rebelles. Mais si les choses se gâtent, la reine mère veut pouvoir se réfugier ici, à Montlhéry, avec son fils. Voilà pourquoi nous préparons la défense de la citadelle. »

Marie et toi, vous vous regardez, bouleversées.

« Entrez, propose le garde. Vos chevaux ont l'air las. Menez-les à l'écurie et allez en cuisine, on vous donnera à manger. Si je peux me permettre un conseil, Votre Altesse, allez aussi trouver mon épouse, qui est la blanchisseuse du château. Elle vous donnera des vêtements moins... orientaux pour votre amie. C'est un siège qu'on prépare, point un carnaval ! »

Vous remerciez le bon garde et suivez un à un ses conseils. Marie, changée et démaquillée, est plus pâle mais tout aussi gracieuse !

Aidez les occupants de la forteresse à préparer le siège, au **80**.

118.

Gautier met un doigt sur ses lèvres et vous guide jusqu'à une échoppe d'armurier dont l'immense enseigne vous cachera aux regards. La curiosité te brûle !

« Que fais-tu à Paris, Gautier ? »

Réponse au 131.

119.

Vous traversez la Seine sur un pont encombré de piétons et de charrettes et atteignez l'île de la Cité. Tu as pris Mélisande sur une épaule, à la fois pour lui éviter d'être écrasée par les cochons qui errent en liberté et pour la dissuader de s'attaquer aux poulets caquetant au ras des pavés. Ah, ces pavés ! C'est la première fois que vous en foulez ! Mais cela ne rend pas la chaussée plus propre, et tu fronces le nez, écœurée par les odeurs de la ville : ordures, flaques de suif* répandues par les fabricants de chandelles, effluves lointains qui doivent provenir des immondes tanneries situées hors les murs… Comme la capitale te semble sale et bruyante !

« C'est là », te chuchote Marie en désignant la première boutique d'une rue grouillante de monde.

Sur le seuil, le marchand regarde déambuler la foule, et son œil de lynx s'allume en s'arrêtant sur vous.

La suite au **132**.

120.

Vous quittez Montlhéry avant les premières lueurs du jour, sur des chevaux frais et dispos, bien reposés vous-mêmes. Aussi galopez-vous comme le vent jusqu'à la capitale. Malgré l'heure matinale, les rues sont déjà animées : une foule de travailleurs vaque à ses affaires. Au-delà des remparts, vous peinez à avancer à cause de ce monde, et tu ne cherches même pas à aller plus loin. Dressée sur ton cheval, tu harangues la foule : « Peuple de Paris, Messire le roi a besoin de votre aide ! »

La suite au **133**.

* Suif : graisse de bœuf ou de mouton servant à fabriquer les bougies.
** Tannerie : atelier où l'on fabrique le cuir à partir des peaux de bête.

121.

Ta voix claironne à travers la lice la vilenie de ton ennemi. L'assistance t'écoute, bouche bée ! Noirevilaine ôte son heaume et, d'une voix scandalisée, exige que tu enlèves le tien. Jamais de sa vie, tonne-t-il, il ne s'est battu contre une demoiselle.

Tu avais oublié que ta voix allait te trahir. Cependant, le héraut, stupéfait, fait inspecter l'étrier droit de Noirevilaine. Rien. Pas la moindre pointe de métal qui dépasse. As-tu eu une illusion ? Ou le mécanisme de dissimulation est-il vraiment bien conçu ?

Des cris d'impatience jaillissent de la foule. Elle veut que le tournoi continue. Noirevilaine et toi êtes priés de quitter la lice tandis que d'autres chevaliers vont s'y affronter.

Enguerrand te rejoint à la sortie de la lice. Tu ôtes ta cotte de mailles, furieuse :

« Noirevilaine ne perd rien pour attendre, je vais ameuter… »

Nul ne saura jamais qui ! À peine as-tu le dos à découvert qu'une flèche t'atteint, lancée par une main lointaine et inconnue. L'assassin restera introuvable et Noirevilaine, impuni…

FIN. Retourne au **116**.

122.

Folle de joie, tu te jettes dans les bras de ton frère et écoutes son récit. Les écuyers de Noirevilaine les ont emmenés, votre père et lui, sur la route du sud, toujours évanouis. C'est alors qu'est intervenu Gautier…

« Continue l'histoire », propose Renaud au jeune brigand.

Un peu timide, Gautier prend la parole, au 131.

123.

L'homme revient du lieu où se rassemblent les conjurés. Il les dit nombreux, bien armés, déterminés. La plupart d'entre eux sont des chevaliers de la haute noblesse, maîtrisant à la perfection l'art de la guerre. L'espion a reconnu le duc de Bretagne en personne, causant avec le puissant seigneur de Lusignan…
Tu regardes Marie.
« Il nous faut des renforts pour assurer la défense du roi.
– En passant sur le chemin de ronde, tout à l'heure, j'ai entendu deux sentinelles parler d'un tournoi qui a lieu aujourd'hui à Pontcharail, tout près d'ici. Il paraît que des dizaines de chevaliers doivent y participer… Peut-être pourrions-nous y trouver de précieux renforts ? »
Tu te frappes le front :
« Mais oui, c'est vrai ! Mon père et mon frère s'y trouvent ! Je file les chercher.
– Tu veux que je vienne avec toi ?
– Il y a fort à faire ici. Il vaut mieux que tu restes aider, suggères-tu en voyant l'agitation qui perdure dans la citadelle. Garde Mélisande, d'accord ? »
Le temps de seller un cheval et tu quittes la citadelle dans un galop éperdu. Dix minutes plus tard, parvenue au carrefour, tu prends la route en direction du **127**.

124.

À peine es-tu entrée qu'un homme caché derrière la porte referme celle-ci, tandis qu'un autre individu surgit de l'arrière-boutique. Ce sont les brigands qui vous ont convoyées la nuit dernière !
La suite au 126.

125.

« Je vous félicite, ma cousine, dit Louis. Avoir survécu à cette épopée, et pour sauver un serf, est une preuve de grande bravoure. »

Tu bois les paroles de ton cousin, tout en remarquant au passage qu'il ressemble fort à Renaud. Il est aussi beau que ton frère ; plus grave, peut-être, ce qui est normal vu les responsabilités qui pèsent déjà sur ses épaules.

Se tournant vers ton père, Louis IX ajoute :

« J'espère, mon oncle, qu'après avoir fait libérer ce serf, vous affranchirez sa famille, en réparation des journées terribles qu'il a vécues au cachot.

– Sire, répond ton père en inclinant la tête de bonne grâce, vos désirs sont des ordres. »

La générosité du jeune roi te coupe le souffle. Louis IX se soucie d'un serf alors qu'il est lui-même en grand danger ! Ton cousin surpasse tous les éloges qui courent à son sujet. Sans nul doute, son règne sera marqué par sa grandeur d'âme. Raison de plus pour le sauver de cet infâme complot !

Si tu es à table avec le roi, la suite au **135**. Si tu te trouves dans la cour de la forteresse, va au **129**.

126.

Comment sont-ils arrivés avant vous ? Ton esprit vif devine aussitôt : privés de leurs montures, ils ont volé des chevaux aux voyageurs suivants et vous ont talonnées jusqu'à Paris. Tandis que vous faisiez halte à l'auberge, ils vous ont devancées vers le lieu du rendez-vous...

Si tu te trouves dans la boutique sordide, va au **3**.

Si tu te tiens devant la cathédrale, file au **11**.

127.

Tu presses ton cheval et, en moins d'une heure, te voici en vue du château de Pontcharail. Une sonnerie de trompettes monte de derrière les tours, annonçant l'ouverture prochaine du tournoi. Une foule joyeuse se dirige vers la lice*, ignorant tout du complot qui se trame à quelques lieues d'ici.

Tu mets pied à terre et te diriges vers l'endroit où les champions se préparent, au **134**.

* Lice : terrain où se déroulent les tournois au Moyen Âge.

128.

À peine as-tu fait quelques pas, encadrée par deux brigands, que tu es prise d'un regret. Jacquou et Jeannot se rendent sûrement au rendez-vous avec « ton » voleur !

Tenter de suivre leur piste, au 140 ?

Continuer docilement, au 130 ?

129.

Pendant ce temps, des milliers de Parisiens se sont amassés autour des douves, n'osant pénétrer dans la forteresse. Tu demandes à Louis s'il veut bien se porter au-devant de son cortège. Lorsqu'il apparaît sur le pont-levis, la foule l'acclame à en faire vibrer les murailles ! Tu lis dans les yeux de la reine mère et de son fils une reconnaissance sans bornes envers leur peuple. Louis se tourne vers toi comme si tu étais la représentante de ces innombrables sauveteurs.

« Merci, ma cousine, te dit-il. Je n'oublierai jamais ce jour. »

Mélisande, perchée sur ton épaule, s'incline comme pour dire : « de rien ». Et vous partez d'un fou rire, le roi et toi, comme deux adolescents que vous êtes !

Épilogue au **141**.

130.

En chemin, un jeune brigand s'approche de toi. Il doit avoir l'âge de Renaud, ses traits sont purs et son regard, courtois. Quel contraste avec les malandrins qui l'entourent !

« Je sais qui vous êtes, chuchote-t-il sans te regarder. Je vous ai vue dans les tribunes au dernier tournoi de Montfort-le-Vieil. »

Méfiante, tu demandes sans bouger les lèvres :

« Et vous, qui êtes-vous ?

– Je m'appelle Gautier. Peu importe mon nom de famille, je ne suis pas de sang noble. J'assistais au tournoi caché sous les gradins. Je suis orphelin et vagabond depuis toujours. »

Vous marchez quelques instants en silence, soucieux que les brigands ignorent votre conversation, puis Gautier reprend la parole, au **52**.

131.

« La nuit dernière, je montais la garde dans la forêt...

- Oui, je sais, et ensuite ? »

Ton impatience le fait sourire.

« Nous sommes toujours deux pour cela, aussi un compère bandit m'a-t-il rejoint vers 10 heures du soir. Il avait assisté à votre départ. Il avait deviné qui était Nafissa malgré son déguisement, et voilà ce qu'il m'a dit... »

Écoute la conversation entre Gautier et le bandit, au **91**.

132.

Derrière l'homme, la boutique est sombre, inhospitalière. Il ne s'agit pas d'un orfèvre comme le prétendait le brigand. Artisans nobles et considérés, les orfèvres travaillent dans des ateliers autrement bien tenus ! Tu réfléchis à la conduite à tenir, mais l'homme dit d'une voix rauque :

« Entrez, je vous attendais. »

Ta méfiance est à son comble. Comment sait-il qui vous êtes ? Vous deviez arriver avec un gros sac, Marie déguisée en Sarrasine... Tu réfléchis mais, comme pour t'épargner toute hésitation, l'homme pousse Marie à l'intérieur de sa boutique.

Tu suis ton amie, au **124**.

133.

Sur la place, dans les rues avoisinantes, tout se tait : les gens se figent pour t'écouter. Tu résumes la situation : Louis IX et sa mère réfugiés dans la forteresse de Montlhéry, la troupe des conjurés qui va se mettre en mouvement.

« Ils sont nombreux et rompus à l'art de la guerre. Mais vous, Parisiens, vous pouvez les mettre en déroute sans coup férir ! Il suffit de vous porter tous sur la route de Montlhéry. Les plus forts iront le plus loin, les personnes âgées et les enfants resteront près de Paris. Si vous formez une immense haie d'honneur depuis Montlhéry jusqu'au château du Louvre, les félons n'oseront rien entreprendre ! »

Un grand silence plane quelques secondes dans l'air givré de l'aurore, puis des murmures éclatent, la rumeur enfle, une ovation jaillit de milliers de poitrines :

« Vive le roi ! Vite, à son secours ! »

La suite au **139**.

Dans ta hâte, tu t'es mise à courir, les yeux fixés sur la tente de ton frère surmontée de l'oriflamme familiale. Mais quel est ce groupe d'hommes qui disparaît derrière une rangée d'arbres en transportant deux silhouettes inanimées ? Cela te paraît louche !
Veux-tu les poursuivre, au **25** ?
Ou continuer vers la tente de ton frère, au **8** ?

134.

135.

Au cours de ce banquet, tu remarques que la reine Blanche est plus soucieuse que son fils. À la fin du repas, c'est vers toi qu'elle se dirige.

« Isabelle, te dit-elle à voix basse, pensez-vous que nous pouvons faire confiance à ce jeune Gautier ?
– Oui, Votre Majesté. Je me porte garante de sa droiture et de son courage.
– Dans ce cas, je vais l'envoyer à Paris comme messager. On m'a informée que nos ennemis étaient nombreux et puissants. Face à cette menace terrible pour le trône, je souhaite que le peuple de Paris lui-même nous porte secours. Seule une foule immense pourra déjouer ce complot. »
Tu implores Blanche de Castille :
« Laissez-moi accompagner Gautier à Paris, avec mon amie Marie. Ensemble, nous mènerons à bien cette mission. »
Pour la première fois de la soirée, un sourire se dessine sur le visage fatigué de la reine mère :
« Si vous partez à trois, j'en serai encore plus rassurée, mon enfant. »
La suite au **120**.

136.

À la prévôté, on vous informe que le prévôt ne peut recevoir personne : il a fort à faire, un complot se trame contre le roi. Tant mieux, songes-tu, si la situation est connue ! Derrière les sentinelles, une agitation frénétique règne dans la cour. La foule matinale qui remplit les rues s'en rend compte et, curieuse, se presse contre les grilles.

« Qu'est-ce qui se passe ici ? demande une lavandière.

– De mauvaises nouvelles ? La guerre, la peste, le choléra ? interroge un boucher.

– Passez votre chemin, braves gens », s'agace le garde.

Tu regardes cette foule de plus en plus nombreuse. Tu la devines attachée au roi, car Louis IX est déjà connu pour sa bonté, sa sagesse, son esprit de justice. Sans même réfléchir, tu t'adosses aux grilles :

« Peuple de Paris, notre roi a besoin de votre aide ! »

La suite au **133**.

137.

Vous retournez à l'auberge où Marie et toi avez laissé vos chevaux. Quel bonheur de s'allonger dans un lit ! Tu te sens endolorie de partout. Marie a pris le lit d'à côté, Gautier s'est étendu en travers de la porte pour monter la garde, Mélisande est pelotonnée contre ton oreiller. Trente secondes plus tard, vous dormez tous.

Les cloches de l'église voisine vous tirent du sommeil à 7 heures. Reposée, tu es plus lucide pour prendre une décision. Courir au palais royal pour avertir les gens du roi du complot qui se trame, au **29** ? Ou te rendre chez le prévôt de Paris qui gouverne la capitale, au **136** ?

138.

« J'étais inquiet pour vous, dame Isabelle, poursuit Gautier. Par chance, mon compère s'est endormi peu après et je me suis enfui. Il y a bien longtemps que j'en avais envie… La vie parmi ces hommes grossiers et cupides et la cruauté de notre chef me dégoûtaient. De vous savoir en fâcheuse posture m'a décidé à leur fausser compagnie. J'ai volé le cheval le plus rapide de notre chef et j'ai pris la route de Paris pour tenter de vous aider. Seulement, à quelques lieues d'ici, j'ai croisé les hommes qui transportaient votre père et votre frère. À la vue de deux chevaliers inanimés, ligotés en travers d'une selle, mon sang n'a fait qu'un tour. Et quand j'ai reconnu sur leurs capes le blason de votre famille, j'ai aussitôt dégainé mon épée et réussi à mettre en fuite leurs ravisseurs. »

Ton père confirme. Lui, si fier de son rang princier, regarde avec estime le jeune bandit :

« Ce jouvenceau mériterait d'être adoubé, car sa vaillance a été sans pareille. »

Puis il ajoute avec son autorité habituelle :

« Ne traînons pas ici alors que Sa Majesté est en danger, comme nous l'a appris Gautier. Maintenant que nous sommes tous sains et saufs, Renaud et moi allons nous mettre à la disposition du roi. Toi, Isabelle, rentre au château rassurer ta mère. »

Vas-tu te plier à cet ordre, au **40** ?
Ou te rebiffer, au **103** ?

139.

Quelle n'est pas
la stupéfaction des guetteurs
de Montlhéry lorsque, quelques heures
plus tard, ils voient une foule innombrable
approcher dans la plaine !
Gautier, Marie et toi, vous avancez
à la tête de cette armée joyeuse et innocente,
Gautier brandissant une immense oriflamme
blanche en signe de paix. Vous êtes plus fiers
que des rois conquérants.
Si tu as vécu les joutes de Pontcharail,
rends-toi au **90**. Si tes aventures
se sont déroulées à Paris,
va au **4**.

140.

Tu pousses un gémissement en feignant une vive douleur.
« Aïe ! Je me suis tordu la cheville. »
Tes gardiens s'arrêtent. Le reste de la troupe continue, car tu as pris soin de ne pas parler trop fort.
« On va vous porter », propose le plus costaud.
À son air réjoui, tu devines que ce serait un plaisir plus qu'une corvée.
« Je suis lourde, vous savez. Je pèse le même poids que l'armure en plumes de paon de l'empereur mongol. »
Les deux brigands écarquillent les yeux : leur imagination travaille dur à visualiser cet objet insolite. Enfin, ils éclatent d'un rire énorme. C'est ce que tu attendais ! Cette hilarité a désarmé leur vigilance. Tu sautes derrière un rocher et te voilà courant à perdre haleine dans la direction prise par Jacquou et son compère.
C'est bien tenté, mais une flèche t'atteint aussitôt dans le dos. Le reste de la troupe n'était pas loin…
FIN. Retourne au **128**.

141.

En ce jour de décembre 1227, le roi Louis et la reine Blanche ont réellement voyagé jusqu'à Paris sous la protection du peuple. Les conjurés n'ont pas osé les attaquer et sont rentrés furieux dans leurs fiefs. Cette page de la vie de Saint Louis sera relatée par les historiens.

Toi, tu n'entreras pas dans les manuels d'histoire, mais qu'importe ! Tu es comblée au-delà de tes espérances par cet heureux dénouement.

Le serf innocent et sa famille ont été affranchis. Paysans libres, ils vivent toujours au village et donneraient leur vie pour toi, chose que tu ne leur demanderas jamais de faire, bien évidemment !

Marie, qui n'était guère désireuse de retourner chez son père, habite avec toi au château sous le titre officiel de « dame de compagnie »… et la fonction réelle de meilleure amie ! Entre vous deux, Mélisande n'a jamais trouvé la vie aussi douce. Il faut même qu'elle surveille sa ligne car, avec moins d'aventures et plus de gâteries, elle aurait tendance à prendre de l'embonpoint !

Gautier a été adoubé de la main du roi Louis pour service rendu à la couronne. Il a reçu le fief du chevalier de Noirevilaine car celui-ci, après avoir reçu le pardon de Louis IX, a tout de même préféré s'exiler en Angleterre.

Bien sûr, si tu n'as pas vécu le tournoi de Pontcharail, tu ignores qui est le chevalier de Noirevilaine. Si ta curiosité est vive, retourne au **94** et engage-toi sur la route du **100**. Sinon, repose-toi… Après tout, tu l'as bien mérité !

Fin.

MISSION PRINCESSES : LE LIVRE DONT TU ES L'HÉROÏNE

Dans la même collection :

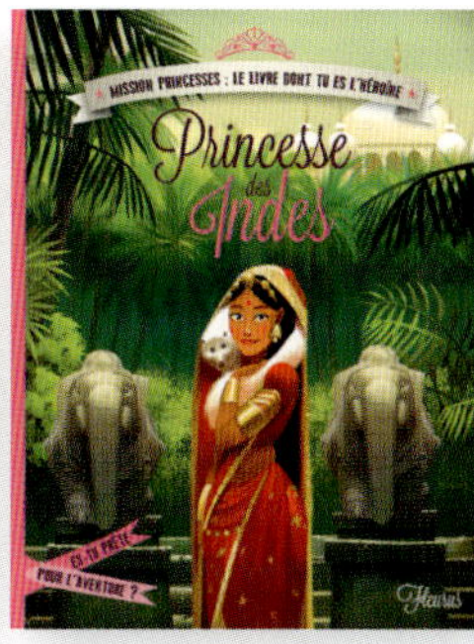

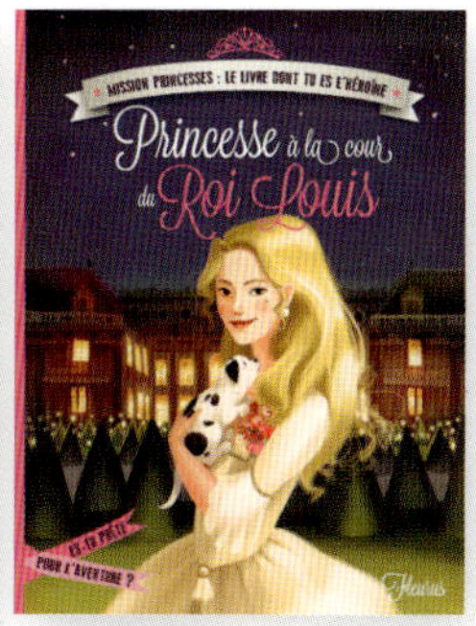

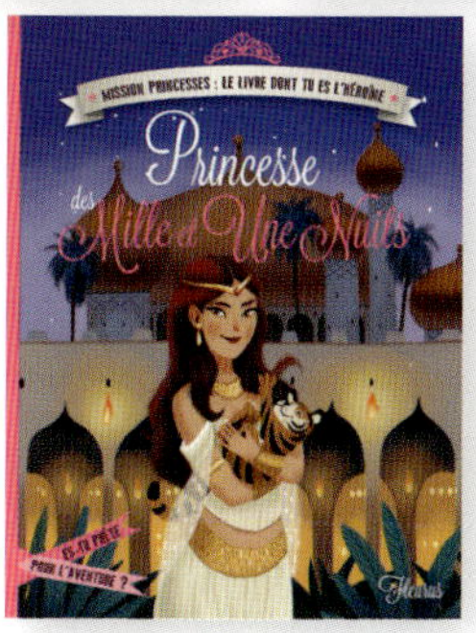

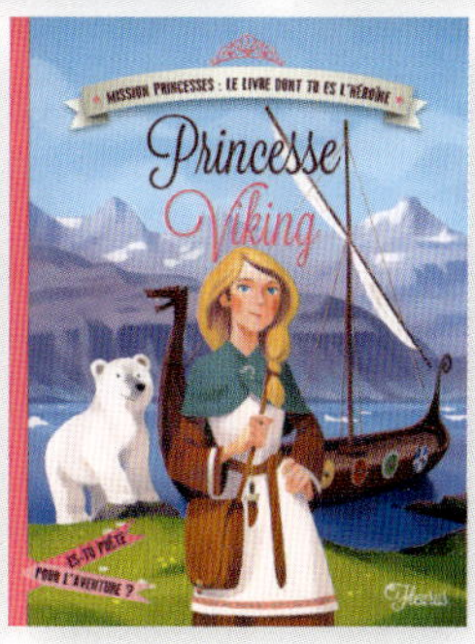

aux éditions

Fleurus

N° d'édition : 15027
Achevé d'imprimer en janvier 2015
par Toppan Leefung, en Chine
Dépôt légal : avril 2015